DE COMMUNE

ABBÉ CROZES

AUMÔNIER DE LA GRANDE ROQUETTE

OTAGE DE LA COMMUNE

SON ARRESTATION, SA CAPTIVITÉ, SA DÉLIVRANCE

ET

CAPITAINE FÉDÉRÉ RÉVOL

SON LIBÉRATEUR

QUATRIÈME ÉDITION

PARIS

DE SOYE ET FILS, IMPRIMEURS-ÉDITEURS
5, PLACE DU PANTHÉON, 5

1877

HISTOIRE

DU

CAPITAINE FÉDÉRÉ RÉVOL

ÉPISODE COMMUNAL

L'ABBÉ CROZES

AUMONIER DE LA ROQUETTE

OTAGE DE LA COMMUNE

SON ARRESTATION, SA CAPTIVITÉ, SA DÉLIVRANCE

RACONTÉES PAR LUI-MÊME

LE CAPITAINE FÉDÉRÉ RÉVOL

QUATRIÈME ÉDITION REVUE ET AUGMENTÉE

PARIS

E. DE SOYE ET FILS, IMPRIMEURS-ÉDITEURS

5, PLACE DU PANTHÉON, 6

1877

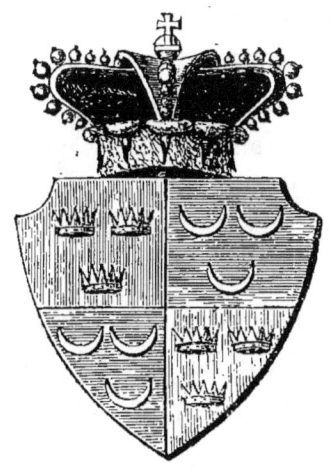

A MADAME

LA COMTESSE O'CONNELL

Née PRINCESSE NONIA BERTONG

PRINCESSE,

Vous avez bien voulu me permettre de vous
dédier cette nouvelle édition de l'*Histoire du capitaine Révol*, je vous en remercie bien sincèrement.
Votre nom et les hautes qualités qui vous distin-
guent relèveront aux yeux de tous ceux qui vous

connaissent le mérite de ce modeste écrit. Mais vous me permettrez en même temps de payer ici une dette de cœur déjà bien ancienne, à celui dont vous portez le nom illustre si cher à la catholique Irlande. Plus d'une fois, Princesse, je me suis plu à vous dire dans quelle touchante circonstance j'avais vu pour la première fois, sans le connaître, M. le comte O'Connell. Mais ce que je vous ai raconté dans l'intimité discrète du foyer, je suis heureux de pouvoir aujourd'hui le dire tout haut et à tous.

C'était le 29 avril 1871 : un étranger de distinction portant les insignes de chef d'ambulance, et accompagné d'un de ses compatriotes, entrait dans ma cellule après avoir visité Mgr Darboy, le président Bonjean et l'abbé Deguerry. Il s'entretint longtemps avec moi, il voulut connaître les causes et les circonstances de mon arrestation, il en écouta le récit avec un vif intérêt, et me laissa comprendre en me quittant, que le but principal de sa visite aux otages était d'adoucir notre sort et d'obtenir, si c'était possible, notre délivrance. Je dus à cette visite une journée pleine de douces espérances, et le lendemain je remarquai pour les otages, de la part des employés de Mazas, des égards et des procédés auxquels nous n'étions pas accoutumés.

Mais quel était, Princesse, ce mystérieux étranger auquel j'aurais été si heureux d'envoyer tout de suite

mes meilleurs remercîments? Je ne me doutais guère
alors que ce fut un descendant des princes de
Thommond, du célèbre roi d'Irlande Brian-Borimbe*!
J'eus beau interroger les gardiens, ils ne purent rien
m'apprendre, et après ma délivrance mes recherches
les plus constantes et les plus actives ne furent pas
plus heureuses. Je fis alors comme les Athéniens
dont parle saint Paul dans son discours devant
l'aréopage d'Athènes : j'élevai dans mon cœur, *un
Autel au Bienfaiteur Inconnu;* et tous les jours
depuis, pendant plusieurs années, sur cet autel de la
reconnaissance, j'offris à Dieu pour lui mes vœux et
ma prière, le suppliant de payer lui-même la dette
sacrée de mon cœur, de la payer comme lui seul peut
le faire.

Mais Dieu a-t-il écouté ma prière? A-t-il récompensé mon noble visiteur comme il méritait de
l'être? — Je me suis permis de le penser et de le
croire lorsque, après l'avoir si longtemps cherché
et enfin si heureusement retrouvé, j'ai appris d'abord
qu'une jeune princesse, issue d'une famille royale
de l'Orient, élevée en Ecosse, très-considérée pour
ses rares qualités, et recherchée par un grand
nombre, lui avait donné, de préférence à bien
d'autres, et son cœur et sa main. — Je l'ai pensé
encore lorsque j'ai su toutes les distinctions dont

* Voir pièce justificative A.

l'avaient si justement honoré et le chef de l'Eglise
et les princes de la terre. — Je l'ai pensé surtout
quand les journaux des Trois-Royaumes ont appris
à l'Irlande en fête, que le jour même où on célébrait
à Dublin le centenaire du grand O'Connell, la Princesse son épouse donnait le jour à un héritier de ce
nom illustre et béni.

Mais ce n'est pas assez pour Dieu, et je ne crois
pas me tromper, en pensant qu'il réserve encore au
consolateur de ma captivité, à l'ami courageux et
dévoué de la France, au zélé défenseur de la religion, à l'apôtre de la bienfaisance et de l'humanité,
une récompense qui couronnera toutes les autres. Il
la recevra cette nouvelle récompense le jour, peu
éloigné peut-être, où la comtesse O'Connell, non
contente d'être catholique de cœur, le sera encore
par la profession publique de la foi de son noble
époux, et des croyances antiques de ses propres
aïeux.

C'est le vœu, n'en doutez pas, bonne et pieuse
Princesse, c'est le vœu plein d'espérance de celui qui
vous dédie l'humble récit de sa captivité, ce sera
l'objet constant de ses plus ferventes prières.

L'abbé Crozes.

INTRODUCTION

Ce volume est le recueil des articles que nous avons publiés dans la *Semaine religieuse*, dans les mois de septembre et octobre 1871, sous le titre d'*Histoire du capitaine fédéré Révol*. Nous n'avions pas alors la pensée de leur donner une plus grande publicité; mais un si grand nombre de personnes nous ont prié de réunir ces articles et de les éditer en brochure, que nous avons cru répondre à un intérêt général en donnant satisfaction à leurs désirs. La province même attend avec impatience la publication de cet épisode communal, tant à cause de l'intérêt du récit que par l'espèce de célébrité de l'auteur, partout connu comme l'aumônier de la grande Roquette et des condamnés à mort. Nous nous contenterons de citer les extraits suivants, pris au hasard dans une foule de lettres qui nous ont été adressées à ce sujet.

On nous écrit de Cahors :

« Nous ne saurions trop approuver la nouvelle publication que vous nous promettez de l'histoire du capitaine Révol. Le récit est si intéressant que tout le monde ici voudrait le lire. Mais il est nécessaire de conserver dans la brochure les quelques lignes qui le précèdent et qui en justifient la forme piquante, en faisant connaître les circonstances où il a été fait et la qualité des auditeurs qui l'ont entendu. Avec cette précaution, le récit, tel qu'il est, est charmant, plein d'esprit, d'originalité et d'à-propos. »

« J'ai lu avec le plus vif intérêt, nous écrit-on de Toulouse, vos six articles du capitaine Révol, par l'abbé Crozes, notre compatriote, et je suis heureux d'apprendre que vous allez en faire une brochure. Je ne doute pas qu'elle n'ait un plein succès. Ce récit ne ressemble à rien de ce qui a été dit et écrit. »

Et dans une lettre d'Orléans :

« Monsieur le rédacteur, l'histoire du capitaine Révol a bien vivement intéressé tous ceux qui ont pu la lire dans votre revue, et si j'ai un vœu à émettre, c'est qu'elle soit publiée et éditée en brochure. Il y a là, sous une forme enjouée, des sentiments si nobles, si généreux, que cela ne peut que faire du bien. Cette œuvre de quelques pages, essentiellement morale et religieuse, sera lue et fera impression. »

Enfin, nous extrayons d'une lettre de Lyon l'apprécia-tion suivante :

« J'ai lu et relu plusieurs fois l'histoire du capitaine Révol. Il y a là une telle finesse d'esprit, une telle délica-tesse de style, des pensées si élevées, des sentiments si touchants et si bien exprimés, un si rare talent pour passer, sans qu'on s'en doute, du grave au doux, du plaisant au sérieux, pour faire rire et pleurer dans la même page ceux qui la lisent ou l'entendent; il y tant de sim-plicité tout à la fois et tant d'élévation; il y a surtout tant de tolérance, et une telle facilité pour mettre à la portée de tous ce qu'il y a de plus abstrait en philoso-phie ou en théologie, que cette histoire, qui semblerait ne devoir être qu'une *bluette*, sera au contraire une œuvre qui restera.

Nous n'ajouterons rien à ces appréciations qui nous paraissent très-justes et que ne démentiront certainement pas nos lecteurs.

L'éditeur.

LETTRE DE M. L'ABBÉ CROZES A L'ÉDITEUR

Mon cher monsieur,

Je m'empresse de répondre à votre lettre et de vous soumettre en même temps quelques observations que j'abandonne du reste à votre appréciation.

1° Vous m'exprimez le désir que vous avez de réunir et éditer en forme de brochure l'*Histoire du capitaine Révol* que vous avez publiée dans la *Semaine religieuse*, et vous me demandez mon agrément. Je vous le donne d'autant plus volontiers que vous me paraissez croire que cette publication pourra être utile à plusieurs et intéressante pour tous.

2° C'est pour ce motif que, loin de désirer une édition de luxe, vous me feriez plaisir en faisant une édition à bon marché et à la portée de toutes les bourses. Ce même motif m'engage à renoncer à toute spéculation personnelle; et si vous étiez dans l'intention de m'offrir quelque chose, je vous serais très-obligé d'en disposer en faveur des orphelins de la guerre, sans distinction du premier ou du deuxième siége. Ce sera certainement entrer dans les vues du héros de mon histoire, qui a laissé sur la terre une pauvre orpheline de dix ans.

3° Permettez-moi un petit détail qui pour moi a son importance. Quelques-uns de mes confrères qui se dévouent à l'œuvre de la Propagation des bons livres font parfois des éditions tellement compactes, en caractères tellement lilliputiens qu'il est très difficile de les lire; de sorte qu'ils ont beau les donner même gratis, je suis convaincu qu'on ne les lit pas, et je le sais par ma propre expérience. Il est vrai que doué d'une très-mauvaise vue, qui s'accommoderait beaucoup mieux des caractères d'aveugle, je prêche ici pour tous ceux qui partagent avec moi ce triste privilége; mais d'abord je ne ferais que suivre l'exemple et le conseil de cet ancien qui disait : *Et ego miser, miseris succurrere disco,* ce qui veut dire que « quand on a une infirmité, on est porté à compatir aux infirmités des autres » et de plus, je suis persuadé que mon observation est vraie même pour ceux qui ont le bonheur d'avoir de très-bons yeux.

*
* *

4° Vous désirez aussi que j'affirme hautement que je suis l'auteur de ce récit, parce que plusieurs personnes semblent en douter. J'avoue que je suis en cela peut-être seul coupable; car je me suis plu à laisser dans le doute quelques personnes qui, m'interrogeant à ce sujet, me disaient naïvement :

« Est-ce bien vous qui avez écrit cette histoire? si c'est vrai, nous vous en faisons notre compliment; mais nous ne vous en aurions pas cru capable. »

Je me contentais de leur répondre :

« Inutile de vous dire si c'est moi; puisque ce récit vous a plu et intéressé, cela suffit, le nom de l'auteur n'ajouterait rien au mérite de l'ouvrage. »

J'ai, au contraire, rencontré d'autres personnes qui, me supposant un talent supérieur pour parler et pour écrire, disaient à d'autres :

« Certes non, ce n'est pas l'abbé Crozes qui a écrit cette histoire; je le connais, et s'il avait voulu s'en mêler,

c'eût été bien autre chose! vous auriez cru lire du Châ-
teaubriand, du Lamartine ou du Victor Hugo. »

Vous comprenez, cher monsieur, que je ne suis pas
fâché de laisser ces admirateurs de mon talent dans une
opinion pour moi si flatteuse.

Il y a enfin une troisième classe de personnes systéma-
tiques ou sceptiques qui ne veulent pas croire qu'on soit
capable de quelque chose quand on a soixante ans, et
surtout soixante-six. D'après eux, à partir même de cinquante ans, on a l'esprit obtus, les idées saugrenues,
l'imagination trop calme, l'intelligence en déclin, le cerveau bien fatigué, le feu sacré éteint, et les forces morales aussi épuisées que les forces physiques. De sorte
qu'après cinquante ans, les écrivains ne sont que des ra-
doteurs, les généraux que des routiniers, les ouvriers que
des candidats aux lits vacants dans les hospices, et les
employés une cinquième roue à un carrosse, bons à faire
valoir leurs droits à la retraite, etc. Donc l'abbé Crozes,
qui d'ailleurs n'a rien écrit jusqu'ici, et qui a une prime
de seize ans sur ceux de cinquante, ne peut pas être l'auteur des quelques pages assez proprement écrites qu'on
lui attribue. Laissons-les, mon cher monsieur, dans leur
opinion, et, pour toute vengeance, souhaitons-leur d'arriver à notre âge; ils changeront alors tout seuls d'avis.
Quand le diable se fait vieux, il se convertit. Cependant,
puisque vous me le demandez, je certifie ici que l'histoire
du capitaine Révol, telle qu'elle a parue dans la *Semaine
religieuse*, est conforme au récit que j'ai fait, le 30 juillet,
aux jeunes gens de la rue d'Assas, sauf quelques additions
que depuis j'ai faites moi-même.

5° J'aurais voulu rendre ce récit plus édifiant par de
pieux détails, de pieuses réflexions, et l'expression d'une
foi plus expansive, qui l'eussent mieux fait goûter d'un
certain nombre de lecteurs. Mais n'oublions pas que je

1.

me suis fait entendre dans une soirée récréative où l'on
chantait de jolies chansonnettes, et à des jeunes gens qui
toute la journée avaient donné satisfaction à leurs devoirs
religieux, et qui venaient, le soir, pour se distraire et se
dérider un peu le front. C'était donc le cas ou jamais de
suivre le conseil de saint Paul : « Soyons sobres même
dans la sagesse. » Je suis d'ailleurs forcé de vous avouer
que dans mes discours aux sociétés ouvrières, aux asso-
ciations de jeunes gens, je me déclare hautement prêtre
homœopathe et que j'y pratique réellement l'homœopathie,
en ce sens que la dose de piété que je mets dans mon
discours est insaisissable, inaperçue et infinitésimale ; et
cependant, je pourrais citer un grand nombre de guéri-
sons obtenues par l'emploi de cette méthode homœopathique appliquée aux maladies de l'âme.

Permettez-moi d'ajouter que par habitude et par caractère, je n'aime pas à révéler au public ce qui peut se
passer de trop intime entre Dieu et moi, entre celui que
e regarde comme mon tendre père, que j'appelle même
quelquefois l'époux de mon âme, et moi que ce bon père
traite comme un fils bien-aimé. Voyez ce qui se fait tous
les jours dans le monde ; voyez ces jeunes époux qui viennent de s'unir par les liens sacrés de l'amitié conjugale :
ils vous reçoivent dans leur salon, peut-être même serez-
vous admis à leur table avec les convives du festin, mais
sur la porte de la chambre nuptiale vous verrez écrit, si
vous savez lire : « Le public n'entre pas ici. » Eh bien, il
en est de même dans nos rapports avec Dieu ; il y a souvent entre lui et nous de ces intimités secrètes, de ces
délicatesses de l'âme et je ne sais quelle révérencieuse
pudeur qui ne vous permet pas de lever le rideau et
d'ouvrir la porte à tout le monde. « Quand vous voudrez
« prier, dit Jésus-Christ, entrez dans votre chambre,
« fermez la porte, et adressez votre prière à votre Père

« qui est dans les cieux, et qui voit ce qu'il y a de plus
« caché. » Aussi les profanes, dans les premiers siècles
de l'Église, n'assistaient jamais à la communion des fidèles.
Et de nos jours, je regrette qu'on lise publiquement et à
haute voix, dans nos églises, certains actes avant ou après
la communion, que les indifférents ne peuvent comprendre, et dont l'impie qui passe dit : « Quelles bêtises ! »
Oui, j'en conviens, ce sont des bêtises, mais de ces sublimes bêtises comme celles qu'une mère dit à son enfant, un époux à son épouse, et qu'il n'est pas donné à
tout le monde de comprendre. Le seul tort qu'on a, c'est
de les rendre trop banales en les disant trop souvent et
trop haut, et surtout en les disant devant toi, ô impie,
contrairement à cette parole que je n'ose pas traduire
par égard pour toi : *Nolite dare sanctum canibus !* *

*
* *

Du reste, c'est chez moi une disposition, une habitude,
une certaine timidité cachottière qui datent de mon enfance. Étant bien jeune, en effet, il m'arrivait souvent de
m'échapper de la maison paternelle, à mes heures de
loisir, pour aller prier dans la majestueuse cathédrale de
Sainte-Cécile, dont mon frère aîné a fait, il y a quelques
années, une savante et intéressante monographie. Or je
me rappelle très-bien que pour faire mes adorations et
mes prières, malgré le demi-jour qui régnait dans l'église,
j'allais, non par respect humain, mais par goût, me cacher
dans l'endroit le plus retiré, derrière les piliers et sous la
voûte sombre du jubé, ce chef-d'œuvre d'architecture et
de sculpture dont les inimitables beautés, quoique cachées
dans l'ombre, m'aidaient à élever mon âme vers Dieu.
Que les lecteurs ne s'étonnent donc pas si, cinquante ans
plus tard, je garde encore dans les replis de mon cœur

---

* Ne livrez pas aux chiens les choses saintes. (*Note de l'éditeur.*)

certains sentiments qui se plaisent chez moi à rester cachés comme la violette des champs. Salomon n'a-t-il pas dit : « L'homme sera dans sa vieillesse ce qu'il a été dans sa jeunesse? » mais tout ceci m'est absolument personnel, et j'avoue que cette retenue, ce manque de pieuse expansion, si ce n'est pas en moi un défaut, indique du moins l'absence d'une qualité. Heureusement il y a, et j'en remercie le ciel, il y a de ces natures privilégiées qui doivent, au contraire, pour notre édification, laisser évaporer autour d'elles et au loin les parfums de leur âme, et dire bien haut et à tout le monde, comme Marie, les touchantes inspirations de leur *Magnificat.* Vous étiez de ce nombre, aimable et saint abbé Seigneret, noble martyr du 26 mai, gloire de Saint-Sulpice, fleur moissonnée avant le temps. Je suis heureux de pouvoir souvent relire ces lettres délicieuses qui nous révèlent tout ce qu'il y avait dans votre âme de foi, de tendresse, d'amour et de suave piété. Vous en étiez aussi, pères vénérés, illustres martyrs d'une illustre et sainte compagnie; soyez bénis de n'avoir pas enfoui dans votre cœur les riches trésors que vous aviez puisés dans le cœur même de Jésus votre maître.

Mais je m'oublie, je le vois bien, mon cher monsieur, et je vous en fais mes excuses. Après les explications que je viens de vous donner, vous jugerez vous-même si vous devez imprimer l'histoire du capitaine Révol telle que je l'ai racontée, ou si nous devons la retoucher et lui donner une autre physionomie.

Votre très-humble et dévoué serviteur,

L'abbé CROZES.

AVERTISSEMENT DE L'ÉDITEUR

Plus d'une fois et depuis longtemps nous avions prié M. l'abbé Crozes, aumônier de la grande Roquette et otage de la Commune, de nous donner le récit de son arrestation, de sa captivité et de sa délivrance : il s'y était constamment refusé. Mais, le 30 juillet dernier, un de nos amis a eu la bonne fortune de l'entendre raconter lui-même ce touchant épisode de la Commune, et le bonheur plus grand encore de vaincre ses résistances et de triompher de sa modestie. C'était dans une soirée récréative donnée à de grands et vertueux jeunes gens, sous la présidence du vénérable Curé de Saint-Sulpice, et à laquelle assistaient un grand nombre de dames et de messieurs, désireux de voir et d'entendre M. l'abbé Crozes, dont le nom était porté sur le programme de la fête. Si les auditeurs s'attendaient à être vivement intéressés, ils n'ont pas dû être trompés dans leur attente.

M. l'abbé Crozes leur a raconté d'une manière saisissante, quoique avec une grande simplicité, les diverses circonstances de son arrestation, de sa captivité et de sa délivrance. Mais l'humble orateur s'est effacé presque entièrement pour laisser le principal rôle au capitaine Révol, son libérateur, auquel il a voué une éternelle reconnaissance et qui devient le héros de son histoire.

Nous ne devons pas omettre une observation qu'a faite notre ami et que bien d'autres sans doute ont dû faire comme lui, c'est que M. l'abbé Crozes n'a pas dit un seul mot tant soit peu blessant pour les auteurs de son arrestation, et qu'il a évité avec soin toutes les expressions, toutes les épithètes si bien méritées cependant par ces messieurs de la Commune. On conçoit, du reste, que parlant de lui-même, il ait voulu se tenir sur une grande réserve, faire taire en lui les moindres sentiments de colère, d'indignation ou de juste vengeance, et laisser à ses auditeurs le soin de flétrir eux-mêmes les procédés dont on a usé à son égard.

Nous leur laisserons aussi, à ceux qui l'ont entendu, nous leur laisserons, à notre grand regret, ce qu'il nous est impossible de donner à nos lecteurs, c'est-à-dire le charme indéfinissable qu'ajoutent à tous les récits du spirituel abbé cette physionomie ouverte et parfois mélancolique, ces yeux pétillants, cette voix claire et sonore, ce débit accentué, cet accent méridional, ces gestes vifs et entraînants, enfin cette tournure d'esprit excessivement originale que tout le monde lui connaît.

Mais il est temps de céder la parole à l'orateur :

HISTOIRE DU CAPITAINE FÉDÉRÉ RÉVOL

Récit de l'abbé Crozes.

Messieurs et amis, dit M. l'abbé Crozes, d'abord accueilli par les plus chaleureux applaudissements, votre vénérable président m'invite à vous raconter l'histoire de mon arrestation et de ma délivrance ; mais il m'en coûte beaucoup de vous parler de moi. J'aimerais mieux vous parler de tant d'autres otages dont j'ai eu l'honneur de partager la captivité, de tant de nobles et saintes victimes à la gloire desquelles Dieu ne m'a pas jugé digne de m'associer, de tous ces prêtres si nombreux, fidèles à leur poste, qui n'ont pu y rester et continuer leur ministère qu'en s'exposant tous les jours à la prison et à la mort, et dont les travaux, les souffrances, et je puis dire le martyre, ne seront, malheureusement pour notre édification, ne seront peut-être connus que de Dieu seul. Mais puisque M. le Curé désire que je vous parle aujourd'hui un peu de moi, et que ses moindres désirs sont pour moi des ordres, je tâcherai de tout concilier en vous racontant sinon l'histoire de ma délivrance, du moins l'histoire de mon libérateur, ou plutôt l'histoire de la Providence, dont il a été l'instrument si dévoué. Et pour donner à mon récit plus d'intérêt et de clarté, et à votre esprit un fil conducteur qui lui serve de guide au milieu d'une foule de détails, nous diviserons ce récit en quatre parties. Nous vous montrerons par quelle suite et quel enchaînement de circonstances providentielles le capitaine Révol, 1° a été la cause involontaire de mon arrestation; 2° comment il s'est fait arrêter à son tour à cause de moi; 3° comment il est devenu mon libérateur; 4° enfin, comment huit jours après ma délivrance, il m'a appris lui-même le tragique dénoûment de son histoire.

PREMIÈRE PARTIE.

Le capitaine Révol, cause involontaire de mon arrestation.

Et d'abord faisons connaissance avec mon capitaine, après avoir toutefois constaté combien sont vrais certains pressentiments dont on ne tient pas toujours compte, mais que remarquent bien les personnes réfléchies qui ont l'habitude d'étudier et d'observer l'enchaînement des causes et des effets dans les choses morales comme dans les choses physiques. J'ai en effet, depuis ma délivrance, rencontré bien des personnes qui s'inquiétaient beaucoup de moi pendant ma captivité, et qui plus d'une fois tremblèrent pour ma vie. Eh bien, mes amis, une même pensée venait toujours calmer leurs craintes et leurs alarmes : «Non, disaient-elles, il ne périra pas ; il se trouvera certainement un de ses anciens de la Roquette, un de ses gredins peut-être, dans ce moment où les plus coquins ont le plus de crédit, il s'en trouvera un qui le couvrira de sa protection et qui, se souvenant de ses bienfaits, le délivrera des mains de la Commune, comme autrefois le lion reconnaissant qui sauva Androclès. » Eh bien, oui, ces personnes pensaient vrai, et leurs pressentiments se sont réalisés ; c'est un fils de la Roquette qui m'a sauvé la vie. Je puis d'ailleurs parler de lui et le nommer sans le déshonorer : ce n'était ni un assassin, ni un voleur, ni un habitué de prison.

*
* *

En effet, Victor-Alexis-Alexandre Révol, né en 1834, entrepreneur de menuiserie, père d'une jeune fille qu'il avait eu d'un premier lit, vivait depuis son veuvage avec sa vieille mère, qu'il entourait des soins les plus tendres et les plus dévoués. Mais un jour, pour donner une seconde mère à son enfant, il convola à de nouvelles noces, et malheureusement dans son nouveau ménage, il ne trouva pas le bonheur. Ce fut là probablement la cause de sa perdition : ayant commis quelques légèretés, ou du moins quelques imprudences, ses ennemis en profitèrent pour le dénoncer, et il comparut, le 26 février 1866, devant la cour d'assises de la Seine. Condamné à quatre ans de prison, il fut conduit ensuite de la Conciergerie à la Roquette, pour y attendre son transfèrement définitif dans une maison centrale. A peine arrivé à la Roquette, je le vis, et je sus bientôt le distinguer des autres condamnés ; j'eus avec lui plusieurs entretiens, et il n'eut pas de peine à me convaincre qu'il avait été condamné, je ne veux pas dire injustement, mais du moins bien sévèrement. Aussi je m'associai avec empressement et de grand cœur aux démarches de ses parents et de ses amis, pour appuyer et obtenir sa grâce ; il fut mis en liberté au bout de deux ans.

Il était alors à la maison centrale de Rouen, où

on l'avait transféré le 1er mai 1866, et d'où il en-
tretenait avec moi une correspondance aussi active
que pouvaient le lui permettre les réglements de la
prison. Arrivé à Paris, il s'empressa de venir me
voir, et depuis ce jour il saisissait toutes les occa-
sions qui l'amenaient dans le quartier pour me faire
une petite visite. Au commencement du siége, il
entra dans la garde nationale, et en sa qualité d'ancien sous-officier, médaillé de Crimée et d'Italie, il
fut nommé capitaine. Je ne crains pas de le dire,
si tous les gardes nationaux eussent été comme lui,
nous aurions signé la paix à Berlin et non pas à
Paris. Mais, après l'armistice, il se laissa démora-
liser par l'exemple de tant d'autres, par la lecture
des journaux impies et révolutionnaires, et le
18 mars il eut la faiblesse d'accepter, à la préfecture de police, la fonction d'adjudant de place que
lui offrit Raoul Rigault. Je ne l'avais pas vu depuis
les premiers jours de janvier, où il était venu me
serrer cordialement la main, et j'ignorais complétement ce qu'il était devenu.

*
* *

Une circonstance bien imprévue me fit faire sa
rencontre. C'était le 4 avril, mardi de la semaine
sainte; j'étais allé à la préfecture de police pour
obtenir la permission de visiter M. Blondeau, curé
de Plaisance, arrêté depuis deux jours, détenu au
dépôt, et qui m'avait fait part de son arrestation *.
Je croyais que pour lui, et en ma qualité d'aumônier de la Roquette, toutes les portes me seraient

_____

* Pièce justificative B.

ouvertes, je me faisais une étrange illusion. Je ne rencontrai partout que des figures tout à fait inconnues ; partout on me renvoyait de bureau en bureau, de porte en porte ; j'étais partout accueilli par un sévère « On ne passe pas! » J'étais ainsi arrivé par le pont Neuf sur la place Dauphine, errant comme une âme en peine, lorsque je fus aperçu par mon capitaine Révol, qui était là à son poste. Il me fit signe par la fenêtre de son bureau, vint au-devant de moi, m'exprima son contentement de me revoir, et me demanda l'objet de ma démarche. Je le lui expliquai. « Vous tombez bien, me dit-il, mon cher abbé ; je suis justement chargé de la délivrance des permis, et je suis heureux de pouvoir vous obliger. »

Après une assez longue causerie, il se mit en effet en devoir de me rédiger un laisser-passer avec lequel je devais, croyait-il, pouvoir pénétrer au dépôt sans difficulté. Je le remerciai, je le quittai et me dirigeai vers le dépôt de la préfecture. Là j'exhibai ma permission ; on l'examina, et après l'avoir examinée on me répondit que malheureusement elle ne suffisait pas, et que pour ce jour-là, exceptionnellement, il me fallait un cachet spécial et essentiel que je ne pouvais obtenir que de Raoul Rigault.

Enchanté de voir ce personnage que je ne connaissais que de nom, je dirigeai mes pas vers le cabinet du citoyen Raoul Rigault. Je m'adressai d'abord au garçon de bureau, un vieux de la vieille, qui me fit écrire sur un bulletin mon nom

et l'objet de ma demande, et qui alla le lui remettre. En revenant, il me pria de la part du délégué d'attendre cinq minutes. Je ne sais si Raoul
Rigault avait, nouveau Josué, le pouvoir d'arrêter
le soleil comme il arrêtait les honnêtes gens, mais
je puis affirmer, la montre à la main, que j'attendis
là depuis trois heures jusqu'à six, et que les cinq
minutes duraient encore. Heureusement, je m'ar-
range d'ordinaire de manière à ne pas m'ennuyer
quand je suis obligé de faire antichambre. D'abord
j'ai toujours sur moi quelques livres qui me per-
mettent de me distraire, de m'instruire ou de
prier ; quelquefois je prépare dans ma tête une
instruction que je dois faire le lendemain, ou bien
j'écoute la folle de la maison qui parfois me dit des
choses très-sages et très-sensées. Je tâche aussi de
profiter de tout ce que je vois, de tout ce que j'entends, et de me mêler plus ou moins à la conversation des autres. Or comme les cinq minutes
étaient aussi longues pour beaucoup d'autres que
pour moi, je trouvai là une belle occasion de les
exhorter à la patience. Il faut être un peu philosophe, leur disais-je, il faut savoir être patient
comme Platon, Socrate, ou Pythagore. J'ai remarqué que ces noms anciens, n'importe lesquels,
et le mot de philosophe ont toujours du succès.
J'ajoutais que ces messieurs sont accablés d'affaires ;
qu'ils sont obligés de se donner d'abord audience à
eux-mêmes, parce que la Commune doit avant tout
s'occuper de la Commune ; que d'ailleurs il est bien
juste que ces messieurs prennent le temps de se
rafraîchir, de fumer une pipe ou un cigare, de se
divertir entre eux, puisque ce sont tous des jeunes

gens ; que le jour ils ont besoin de se reposer des
fatigues de la nuit, et la nuit des fatigues du
jour, etc., etc. On ne paraissait pas, j'en conviens,
goûter beaucoup mes explications justificatives ; on
pestait contre les cachets rouges et les cachets bleus,
et, permettez-moi le mot, on envoyait la Commune à
tous les diables. J'avais beau leur dire que ce n'était
pas la peine, que la chose était déjà faite, ils con-
tinuaient à pester et à médire.

*
* *

J'avais en ce moment à côté de moi un prêtre
que je n'ai pas l'honneur de connaître, mais qui, à
bout aussi de patience, semblait admirer la mienne.
« Mon cher confrère, lui dis-je, je profite de la
circonstance pour faire en moi-même un examen
rétrospectif et pratique. Je pense à ces pénitents,
à ces pénitentes que nous faisons quelquefois attendre des heures entières auprès du confessionnal ;
à ces personnes qui viennent, soit pour un baptême, soit pour régler un convoi, soit pour faire
publier des bans ou relever des actes, que le
suisse ou le bedeau, à tort ou à raison, renvoient
si souvent du matin au soir, ou du soir au lendemain. J'ai eu maintes fois occasion d'admirer la
patience de ces personnes, et je tâche en ce moment de l'imiter. — Ce que vous me dites là est bien
vrai, me répondit le digne ecclésiastique, et je vais
de suite en profiter ; je renonce pour ce soir à
l'audience de Raoul Rigault, et je retourne bien
vite à mon église où doivent déjà m'attendre
quelques-uns de mes pénitents. » Il me serra la
main et partit. Que j'aurais bien fait de le suivre !

Et lui, s'il lit ce récit, qu'il se souvienne qu'il me doit sa liberté, et qu'il prie pour celui qui l'a retiré de la gueule du loup.

*
* *

Vers les cinq heures, je fus le triste témoin de l'arrestation de Mgr l'archevêque de Paris et de M. l'abbé Lagarde, son vicaire général, qui l'accompagnait. En traversant pour la première fois l'antichambre, ils n'étaient pas escortés par la forme armée ; Mgr l'Archevêque s'arrêta un instant, m'adressa le premier la parole, s'informa du motif de ma présence, et me dit que son intention aussi était, avant de rentrer chez lui, d'aller visiter M. l'abbé Blondeau. Je crus qu'il n'avait été amené à la préfecture que pour s'entretenir des intérêts du diocèse et de l'arrestation arbitraire des prêtres et des religieux. Mais en sortant du cabinet de Raoul Rigault et en traversant une deuxième fois l'antichambre, je vis Mgr l'Archevêque et son vicaire général escortés par des gardes nationaux ; et M. l'abbé Lagarde me dit à l'oreille : « Nous sommes arrêtés, monseigneur et moi, » et en même temps il me remit un trousseau de clefs pour Mlle Darboy. Je n'eus que le temps de lui répondre : « Elle les aura ce soir. »

Pour moi, j'attendis encore près d'une demi-heure ; enfin mon tour d'audience arriva.

Je fus introduit dans le cabinet de Raoul Rigault, qui trônait au milieu d'une douzaine d'employés ou délégués de la Commune.

« Que demandez-vous ? me dit-il.

— Je désirerais visiter un de mes amis qui est

prisonnier; voilà l'autorisation nécessaire qui m'a été délivrée par le capitaine Révol; il y manque seulement votre cachet, que je vous prie de vouloir bien y apposer. »

En même temps, je lui tendis ma permission, qu'il prit, examina et remit, après y avoir ajouté quelques mots, à un jeune homme qui me dit de le suivre.

Je remerciai M. le préfet, pensant qu'il avait régularisé ma permission, et je suivis mon jeune conducteur.

« Voyons, vite, le planton de service! Accompagnez le citoyen au dépôt. — Trop d'honneur, monsieur, je vous remercie, ce n'est pas la peine de déranger le planton, je connais parfaitement le chemin. »

Pour toute réponse il cligna de l'œil d'une façon que je compris aussi bien que le planton, et il ajouta d'ailleurs :

« Surtout, veillez bien et au secret. »

Il n'y avait plus à en douter, ma permission, par un tour de baguette de l'habile prestidigitateur Raoul Rigault, s'était changée en mandat d'arrêt. Je suivis donc, sans trop maugréer, mon planton au dépôt, où j'entrai le premier.

Je vous invite à y entrer avec moi.

Me voilà donc au dépôt de la préfecture. En entrant au greffe, j'y rencontrai encore Mgr l'archevêque, que l'on était en train d'écrouer, ainsi que son vicaire général, et je profitai de la circonstance pour leur rendre le trousseau de clefs qu'ils

m'avaient confié, leur disant que j'étais moi-
même arrêté. Monseigneur me témoigna une touchante affection, me dit les paroles les plus en-
courageantes, et me parut beaucoup plus affecté
de l'arrestation de ses prêtres que de la sienne. Il
aurait, j'en suis sûr, accepté de grand cœur la
captivité, s'il avait pu par là leur rendre à tous la
liberté. On a toujours remarqué chez lui cette disposition prédominante de vouloir rester captif avec
ses prêtres captifs; et si on avait voulu lui ouvrir
à lui seul les portes de la prison, il aurait certainement répondu : « Je veux bien sortir; mais je
ne sortirai que le dernier. » Et à ce sujet, je suis
heureux de pouvoir vous citer une parole inédite
tombée de ses lèvres le mercredi matin 24 mai,
jour de sa mort. Il était souffrant, je puis même
dire malade. M. Trencart, pharmacien de la Roquette, chargé seul depuis quelque temps de tout
le service médical, et qui était resté courageuse-
ment à son poste, malgré le danger imminent de
la situation, M. Trencart, le visitant ce jour-là
dans sa cellule, lui proposa d'aller à l'infirmerie :

« Vous serez beaucoup mieux, monseigneur;
vous aurez plus d'air, un meilleur coucher, des soins
qui vous manquent ici; et puis, peut-être serez-
vous un peu plus en sûreté.

— Je comprends, mon cher monsieur, lui répondit l'archevêque, je comprends et je vous remercie;
mais pour rien au monde je ne veux me séparer des
autres. »

*
* *

Mais ceci se passait le 24 mai, à la Roquette, et

2

nous ne sommes encore qu'au 4 avril et à peine
entrés au dépôt. Mgr l'archevêque est déjà écroué ;
je le suis à mon tour. Il est conduit dans sa cellule et moi dans la mienne. Les employés, je tiens
à le dire, étaient pour nous tous pleins d'égards et
de modération ; s'ils servaient sous la Commune,
il était facile de voir qu'ils ne servaient pas la
Commune ; et ces hommes pleins de tact et de
convenance comprenaient très-bien qu'ils ne devaient pas agir avec les otages comme avec les
pensionnaires habituels de cette maison, et que
leur meilleur règlement de prison à notre égard,
c'était de n'avoir pas de règlement. Aussi, ces
bons gardiens, je n'ai passé que deux jours avec
eux, mais bien des jours se passeront avant que je
les oublie. L'un d'eux, M. Kahn, greffier, pour
avoir été trop poli et trop compatissant envers
nous, alla passer quarante jours en cellule.

Mais la reconnaissance me fait oublier mon capitaine Révol, qui doit m'attendre depuis longtemps. Je me trompe ; il m'a attendu jusqu'à cinq
heures, jusqu'à six, même jusqu'à sept, parce que
je lui avais promis d'aller le revoir en sortant de
visiter M. l'abbé Blondeau. Ne me voyant pas venir,
et ne se doutant nullement de ce qui m'était arrivé,
il a fini par supposer que le temps m'avait manqué,
et il est parti.

Quant à moi, je ne devais pas faire un long séjour au dépôt. Il y avait à peine deux jours que j'y
étais et que je commençais à m'y acclimater, lors-

qu'on vint m'avertir que les otages allaient être transférés à Mazas. En effet, quelques moments après on ouvre ma porte, je quitte ma cellule, et me voilà réuni à ces messieurs qui étaient dans la salle d'attente. Comme nous y restâmes environ une demi-heure, notre petit paquet à la main, je profitai de ce temps d'arrêt pour dire bonjour à nos gardiens : « Bonjour, monsieur Braquon, vous remercierez bien Mᵐᵉ Braquon de son excellent chocolat. Bonjour monsieur Régeaud ; bonjour, monsieur Champ, j'emporte votre bon gruyère à Mazas. Bonjour, monsieur Paté. Et Mᵐᵉ Coré, est-elle par-là ? Je voudrais bien la remercier aussi. » Ce nom, mes chers amis, semble attirer votre attention, et puisque la voiture cellulaire n'est pas encore arrivée, je puis vous dire, non pas tout le bien que cette femme si dévouée a fait aux otages, car Dieu seul le sait, et je suis sûr qu'elle-même l'ignore, et que sa main gauche n'a jamais su le bien qu'a fait sa main droite ; mais je puis du moins vous dire que, venant deux fois par jour visiter son mari, otage comme nous, et lui porter à manger, Mᵐᵉ Coré profitait de cette facilité d'aller et de venir pour prodiguer à bien d'autres les soins les plus intelligents et les plus délicats, et que son admirable dévouement, dans ces jours de douloureuse mémoire, ne pourra jamais être apprécié comme il mérite de l'être. Mgr Darboy et M. Bonjean l'ont remerciée depuis longtemps par écrit ; plus heureux qu'eux, je puis encore aujourd'hui la remercier de vive voix *.

* Pièce justificative C.

Mais j'entends la voiture cellulaire ; elle est déjà à la porte de la prison ; on nous appelle, et le conducteur me fait monter le premier. Il paraît que dans la circonstance on commence par les moins dignes, et que les plus dignes passent les derniers. Je pus, en montant, serrer la main à un vieux garde national qui semblait nous plaindre et qui nous regardait avec des larmes dans les yeux. Puisse ce bon sentiment lui avoir porté bonheur! A peine monté, on m'enferma dans un étroit compartiment. Qu'on est heureux, quand on voyage dans une voiture cellulaire, de n'être ni grand ni gros! Malheur à celui qui a un peu d'embonpoint! C'était probablement le cas d'un de mes compagnons de voyage ; à peine enfermé, sentant le sang lui monter à la tête, menacé d'une congestion cérébrale, il se mit à crier : « J'étouffe, j'étouffe, je mourrai ici, si vous ne m'ouvrez pas la porte! » Le conducteur était un homme assez humain, il s'empressa d'entre-bâiller la porte de l'étroite cellule. Pour moi, je fus un moment tenté, pour respirer plus à mon aise, de casser le carreau qui était au-dessus de ma tête ; mais je résistai à la tentation en me rappelant que si j'exhorte souvent les autres à la patience, il faut bien que je la pratique un peu. Enfin le fouet du cocher se fait entendre, la voiture s'ébranle, et les chevaux nous entraînent rapidement vers Mazas. Pauvres bêtes! elles n'avaient pas lu le *Journal officiel ;* elles ne savaient pas qu'elles auraient dû se retirer à Versailles, et elles étaient restées au service de la Commune, qui leur donnait d'ailleurs tous les jours leur botte de foin et leur avoine, comme à tant d'autres leurs trente sous, pour ne pas mourir de faim. Car, hommes ou bêtes, nous sommes forcés de manger pour vivre. Aussi, si on les met en jugement, je demande pour les pauvres bêtes qui m'ont conduit à Mazas les circonstances les plus atténuantes. Après tout, si elles avaient refusé de nous conduire en voiture, on nous aurait conduits à pied, nous leur devons encore bien de la reconnaissance, et je les recommande à la Société protectrice des animaux. Grâce à elles, malgré les barricades, nous arrivons, au bout d'une demi-heure, à la maison d'arrêt de Mazas. Me voilà tout à fait en pays de connaissance : greffiers et commis, brigadiers et sous-brigadiers, gardiens de tous les grades, ils me connaissent presque tous.

« Comment, vous voilà, monsieur l'aumônier ?

— Oui, mes amis ; mais heureusement je suis venu en bonne compagnie.

— Eh bien, voyons, nous allons vous donner notre meilleure cellule. Conduisez M. l'abbé au numéro 8 de la sixième. »

On m'y conduit aussitôt, et je visite l'appartement : rez-de-chaussée, chambre parquetée, mobilier convenable, éclairage au gaz toute la nuit, les lieux dans l'intérieur, rien n'y manque ; il y a même quelque chose de trop, c'est le verrou ; mais comme tout le reste me convient, j'arrête le logement et je m'y installe.

DEUXIÈME PARTIE.

Le capitaine Révol, en voulant me délivrer, se fait arrêter lui-même et devient mon compagnon de captivité.

J'y étais depuis quatre jours lorsque, le 11 avril, environ six heures du soir, je vois entrer, vivement ému, le capitaine Révol, qui me saute au cou en disant :

« Ah ! les misérables, vous avoir fait arrêter ! J'aurais bien dû vous refuser la permission. »

Et il me demande ensuite des détails sur les circonstances de mon arrestation qu'il vient seulement d'apprendre. Il en est indigné, et il propose au directeur, qui était son ami et qui l'avait accompagné, de me laisser sortir avec lui. Le citoyen Mouton, ci-devant cordonnier, devenu directeur de Mazas depuis la Commune, n'était pas un méchant homme, et il aurait bien voulu me mettre en liberté ; mais il n'osa pas prendre sur lui une telle responsabilité. Je n'y aurais d'ailleurs jamais consenti, car il aurait infailliblement pris ma place le lendemain, s'il avait favorisé mon évasion.

« Puisque cela ne se peut pas, lui dit alors le capitaine Révol, je te recommande l'abbé, aies-en bien soin, et que rien ne lui manque. Et vous, mon cher abbé, prenez patience ; je vois avec plaisir que vous ne vous faites pas trop de mauvais sang, on croirait même, à vous voir, que vous vous plaisez ici ; mais n'importe, je veux que vous sortiez ; et d'une manière ou d'une autre, d'ici à peu de jours, demain peut-être, vous sortirez. »

*
* *

En prenant congé de moi, il se rendit en effet, sans perdre de temps, chez Raoul Rigault. Celui-ci était à se divertir avec Dacosta, Levrault, Cluseret, Protot et quelques autres, et en train de prendre son café, lorsque Révol fit irruption dans la salle :

« Décidément, leur dit-il, vous êtes des fous, des imbéciles ; vous ne faites que des bêtises. Comment ! vous arrêtez l'aumônier de la Roquette ! Vous allez de suite me signer sa mise en liberté, ou bien... »

Il oubliait qu'il parlait à ses chefs, on l'en fit ressouvenir.

« Tu sauras d'abord, capitaine, qu'il n'y a que moi ici qui ai le droit de commander, dit Raoul Rigault, et pour te le prouver, tu vas défiler prestement, et aller dire au geôlier qu'il te coffre. »

Révol réfléchit un instant.

« Je veux bien, dit-il, car je suis assez sot pour vous obéir ; mais puisque vous m'empêchez d'aller prendre mon café dehors, je vais, avant de descendre, le prendre ici avec vous autres. »

On ne s'y oppose pas, on lui fait signe de s'asseoir, il déguste son café, et il va ensuite se constituer prisonnier au dépôt. Il pensait n'être consigné que pour vingt-quatre heures, et qu'au bout de ce temps on aurait besoin de lui et qu'il repren-

drait son service. Il se trompait naïvement, et ne
tarda pas à s'en apercevoir.

*
* *

En effet, après huit jours de dépôt, il fut transféré à Mazas ; je devrais plutôt dire qu'il vint me
rejoindre à Mazas. Car admirez ici la Providence, et
combien elle a été bonne pour moi : on aurait pu
le garder au dépôt, le faire passer à la Conciergerie, l'envoyer à la Roquette, à Sainte-Pélagie ou
à la Santé. Non ; on le conduisit précisément là où
je me trouvais moi-même. Ce n'est pas tout, arrivé
à Mazas, on le plaça dans ma division, au premier
étage, et juste dans la cellule qui était au-dessus
de la mienne. Nous fûmes bientôt informés l'un et
l'autre de cette circonstance tout à fait providentielle, et nous essayâmes d'établir entre nous des
communications à travers le plafond, lui en frap-
pant avec le talon de sa botte, moi avec le manche
à balai ; de sorte que nous pûmes ainsi, pendant
quelques jours, nous dire toutes les choses aimables et intéressantes que l'on peut se dire quand on
n'a pour alphabet qu'un talon de botte et un manche à balai. Mais la Providence nous préparait des
communications tout autrement agréables. Au moment, en effet, où je m'y attendais le moins, le directeur vint m'annoncer qu'il autorisait le capitaine à se promener tous les jours avec moi dans
son jardin ; et en même temps il le fit descendre
dans ma cellule, où nous nous embrassâmes de bon
cœur, et nous profitâmes bien vite de la permission. Dans cette première promenade, il me raconta à quelle occasion et pour quel motif il avait

été arrêté. Je ne savais comment lui exprimer ma reconnaissance, et je lui reprochai même d'avoir poussé jusque-là son dévouement. Mais lui, qui comptait bien sortir sous peu, n'avait toujours qu'une idée, une ambition : c'était de me faire sortir après lui. De mon côté, j'essayai de profiter de ces promenades et de ces entretiens pour lui donner les conseils de la sagesse humaine, auxquels je mêlais de mon mieux les conseils de la sagesse divine. Nous parlions tour à tour religion ou politique, famille ou patrie, affaires privées ou publiques ; nous racontions chacun notre passé, nous nous entretenions surtout du présent, nous cherchions à lire l'avenir.

Malheureusement ces communications ne durèrent pas longtemps. Le nouveau directeur, le citoyen Garreau, installé dans les derniers jours d'avril, les interdit formellement ; il fit même changer le capitaine de cellule et de corridor, et c'est à peine si nous pûmes, dans les commencements nous faire dire quelquefois un petit bonjour ou un petit bonsoir ; mais j'étais toujours l'enfant gâté de la Providence. Tandis qu'en effet je me trouvais ainsi privé de mes promenades avec mon capitaine, le citoyen Miot, membre de la Commune, obtenait du directeur Garreau, pour les otages seulement de ma division, l'autorisation de se promener deux ensemble dans les grands promenoirs de faveur. Ce fut alors que j'eus l'honneur et la consolation de quelques promenades solitaires avec Mgr l'Archevêque. Je pus ainsi le remercier de ses œufs de Pâques qu'il avait eu l'extrême bonté de m'envoyer le 9 avril, et il voulut bien se rappeler que le 23, le jour de sa fête, je lui avais fait passer ma carte de visite avec quelques mots inspirés par la circonstance. L'illustre prélat, faible et souffrant, conservait toute l'énergie de son caractère et la mansuétude de son cœur, et il avait par-dessus tout le sentiment du devoir. Je me permis un jour de lui demander s'il n'aurait pas mieux fait de se cacher ou de s'enfuir ; il me répondit que pour les autres peut-être c'était un devoir de se dérober à la persécution, selon le précepte de l'Évangile ; mais que pour lui, chef de tout le diocèse, obligé de donner l'exemple, convaincu que sa fuite aurait été un sujet de découragement et de scandale, il avait voulu rester, quoiqu'on l'eût souvent averti qu'on devait l'arrêter *, et qu'il pût prévoir tout ce qui lui était réservé. Et en disant cela, on voyait sur sa physionomie cette noble et douce satisfaction d'une conscience qui a rempli un grand devoir. Une autre fois, je voulus lui parler de sa sœur, arrêtée comme lui ; je compris que j'avais été indiscret ou maladroit ; il était très-affecté de la savoir en prison comme lui et à cause de lui ; je le vis tomber dans une profonde tristesse ; je me reprochai longtemps mon imprudence.

Que ne puis-je aussi vous parler longuement de son premier archidiacre, Mgr Surat, aussi calme, aussi impassible, aussi aimable à Mazas que quand il nous recevait à l'archevêché en ses jours d'audience?

* Pièce justificative D.

*
* *

Et ce vénérable curé de Saint-Leu, qui voulut
bien, à notre heure de promenade, me servir de
père spirituel, entendre ma confession et m'ab-
soudre, et m'envoyer le lendemain, pour supplé-
ment de pénitence, quelques biscuits et quelques
oranges dont il se privait lui-même! Ce saint prêtre, persuadé qu'on viendrait nous égorger dans
nos cellules, était tout disposé à la mort, et si résigné, je dirai même si désireux du martyre, qu'il
m'encourageait au lieu de m'effrayer.

*
* *

Et ce digne curé de la Madeleine, cette grande
figure de l'époque, ce vieil ami de quarante ans!
Quatre fois j'ai pu me promener avec lui. Oh! lui
aussi il s'attendait à mourir; il ne redoutait pas la
mort.

« A mon âge, me disait-il, que puis-je espérer
de vivre? Un an, deux ans? Est-ce la peine de les
regretter? D'ailleurs ces quelques années ne seront
pas perdues, je les ferai là-haut, au lieu de les
faire ici-bas. »

Cependant, si j'ai bien lu dans cette grande et
belle âme, il me semble qu'en mourant, il a dû
éprouver un vif regret, le regret de n'avoir pas vu
ses chers paroissiens avant sa mort : aussi je ne
crois pas me tromper en affirmant que si Raoul
Rigault lui avait dit :

« Citoyen Deguerry, je te permets d'aller un
jour dans ton église; tu monteras en chaire, tu ra-
conteras à tes paroissiens ta captivité, tes souf-

frances, tes persécutions ; tu leur donneras tes derniers conseils ; tu leur feras tes adieux, et en descendant de chaire tu reviendras à la prison pour
y être immédiatement fusillé », je l'affirme ici,
Raoul Rigault aurait fait un heureux, et le courageux abbé serait allé à la mort le sourire sur les
lèvres et en chantant un *Te Deum*.

Cette consolation lui a été refusée ; mais une
autre lui est restée, l'espérance que ses paroissiens, s'ils ne l'ont pas revu dans son église avant
sa mort, iront un jour le revoir dans ce lieu où
Dieu couronne les martyrs. Mais nous voilà, mes
chers amis, encore bien loin ou du moins bien séparés de mon capitaine. Ce n'est pas ma faute ;
c'est celle du directeur Garreau. Mais attendez, le
22 mai approche ; c'est en ce jour qu'a commencé
ma délivrance ; c'est en ce jour que vous verrez
paraître mon libérateur.

TROISIÈME PARTIE

Le capitaine fédéré Révol cause de ma délivrance.

Il paraît que mon capitaine n'avait été consigné que pour un mois, et à ce compte il aurait dû partir le 12 mai ; mais la Providence, qui voulait se servir de lui pour me sauver, avait permis qu'on l'oubliât jusqu'au lundi 22. Ce jour-là donc, de quatre heures à cinq heures du soir, on ouvre la porte de sa cellule, on lui annonce sa mise en liberté, et on le conduit au greffe pour lever son écrou.

« Capitaine, lui dit le directeur, non-seulement vous êtes libre, mais vous sortez encore avec les honneurs de la guerre. Vous allez reprendre votre poste de commandant à la préfecture de police, et la Commune compte plus que jamais sur votre dévouement, votre intelligence et votre courage.

— J'accepte d'abord ma liberté, répond le capitaine ; pour le reste, nous verrons quand je serai à la préfecture. »

Ce disant, il se retire au vestiaire pour changer ses habits civils contre son uniforme de capitaine, et il rentre un moment au greffe pour serrer la main au directeur.

« En voilà, capitaine, qui ne sont pas si heureux que vous, lui dit Garreau.

3

— De quoi donc s'agit-il?

— Il s'agit de transférer immédiatement à la Roquette l'archevêque, le citoyen Bonjean, quelques autres civils, et tous les curés sans exception.

— Comment, tous les curés! Est-ce que l'abbé Crozes y est aussi?

— Que veux-tu? je n'y puis rien, l'ordre est général, il dit tous les prêtres, lui, par conséquent, comme les autres.

— Celui-là, par exemple, entends-tu? il ne partira pas; je vais rester là jusqu'au transfèrement, et le premier qui le fait monter en voiture, je lui brûle la cervelle.

— Voyons, capitaine, ce n'est pas la peine de se fâcher; puisque tu y tiens tant à ton abbé, nous allons l'oublier; un de plus, un de moins, personne n'y fera attention, tu peux compter sur ma parole. »

Heureux de cette promesse et assuré de mon sort, le capitaine s'en va.

*
* *

Une voiture l'attendait à la porte.

« Vite, cocher, à l'ex-préfecture de police! »

Route faisant, le capitaine se disait à lui-même :

« Il faut convenir que je suis sorti bien à propos pour mon pauvre abbé : une heure plus tôt, une heure plus tard, il était transféré sans que je fusse là pour l'en empêcher. Mais c'est égal, ce n'est que la moitié de la besogne. Maintenant je veux sa liberté, et comme ils ont besoin de moi, je vais leur mettre le marché à la main, et nous verrons. »

Tout en causant ainsi avec lui-même, il arrive à la préfecture de police, et rencontre tout d'abord le procureur de la Commune, Raoul Rigault, qui lui paraît très-inquiet, très-affairé, au milieu d'un tumulte, d'un va-et-vient continuel, d'un désarroi complet. La dernière heure de la Commune sonnait, l'armée de Versailles était entrée depuis la veille dans Paris, et tous ces messieurs se disposaient à déménager au plus vite.

« Eh bien, capitaine, on te l'a dit sans doute là-bas, tu vas reprendre ton poste, nous comptons sur toi, tu ne nous abandonneras pas au moment du danger.

— Je veux bien, je ferai mon devoir jusqu'au bout ; mais d'abord je vais envoyer à ma place à Mazas ce b... d'employé qui m'a oublié et m'y a fait rester dix jours de trop. Et puis, tu sais, mon abbé de la Roquette, on devait tout à l'heure l'y transférer ; je l'ai fait rester à Mazas ; mais il faut que demain tu le fasse élargir, sans ça, ne compte pas sur moi.

— Écoute, capitaine, je ne demande pas mieux, demain, après-demain, quand tu voudras. Mais, dans tous les cas, ton abbé sortira avec les autres jeudi matin, puisque nous devons évacuer la prison avant d'y mettre le feu. »

Sur cette parole, le capitaine Révol va prendre possession de son commandement, visiter tous les postes, et il fait renfermer au dépôt l'employé qui l'avait oublié. Cela fait, il va bien vite à Montrouge pour voir sa mère, embrasser sa fille, et leur remettre un peu d'argent. Puis il les quitte vers dix heures du soir, sans trop oser leur promettre de les revoir le leudemain. »

*
* *

Pour moi, ignorant complétement le départ du capitaine, et plus encore la petite scène qui s'était passée au greffe à mon sujet, j'étais dans ma cellule, fortement préoccupé des événements de la soirée. En effet, sur les cinq heures, on était venu me dire par le guichet :

« Vite, vite, faites votre paquet, vous partez ! »

J'avais donc fait mon paquet, assez inquiet de n'avoir pas reçu d'autres explications, incertain où on allait me conduire, l'âme remplie de tristes pressentiments. Est-ce la liberté? est-ce un transfèrement? est-ce...? Je me préparais à tout événement, lorsqu'au bout d'un quart d'heure le même gardien ouvre ma porte en me disant :

« Non, non, on s'est trompé; vous ne partez pas. »

Je ne saurais vous dire, mes chers amis, tout ce qui s'est passé en moi entre cet ordre, « vous partez, » et ce contre-ordre, « vous ne partez pas. » Représentez-vous, si vous voulez, une maison fortement ébranlée par un tremblement de terre, par des oscillations, des secousses qui se succèdent à des intervalles rapprochés, les meubles renversés, les cristaux et les porcelaines brisés, et puis tout cesse, et la voilà rassise sur ses fondements avec quelques lézardes dans les murs. Tel était l'habitant de la cellule n° 8. Cela ne donne peut-être pas une grande idée de son courage; mais puisque nous faisons ici de l'histoire, nous devons être vrai et fidèle. La cellule n° 8 pardonnera à l'abbé Crozes son trop grand amour de la vérité.

J'étais donc à chercher une explication à cet ordre et à ce contre-ordre, et à remettre, pour suivre ma comparaison, mes meubles en place et à recueillir les morceaux de mes cristaux et porcelaines cassés, c'est-à-dire mes idées, lorsqu'un mouvement inusité dans le corridor attire mon attention. Je m'approche du guichet de ma porte, et je regarde par le petit judas. Ce sont des gardiens qui vont et viennent, des portes qui s'ouvrent, et bientôt je vois passer successivement devant moi, se dirigeant vers le greffe, les otages de mon corridor, Mgr Darboy, Mgr Surat, M. Deguerry, M. Bonjean, le P. Perny, le curé de Saint-Leu et quelques pères de Picpus dont j'ignore les noms, tous emportant avec eux leur paquet. Je commençais à comprendre que je devais d'abord partir avec eux, et que, sans le contre-ordre, je les aurais déjà suivis. Je priai Dieu de les protéger et de les bénir.

*
* *

Bientôt dans le corridor tout rentre dans le silence; mais sur les huit heures du soir, le bruit des voitures quittant Mazas me dit assez que ces messieurs sont partis; mais où? je ne pouvais le deviner, et j'étais dans cette incertitude lorsqu'un bon gardien qui aimait assez à causer avec moi, et qui était de service de nuit dans mon corridor, vient sur ces entrefaites allumer mon gaz, et m'apprend que presque tous les otages sont partis pour la Roquette; que j'étais le seul resté dans ma division, et que les autres, qu'on n'avait pas transférés faute de voitures, le seraient le lendemain; mais qu'il avait entendu dire que je ne partirais pas avec eux. Je ne savais si je devais m'en féliciter ou m'en plaindre. J'aurais assez aimé, moi aumônier de la Roquette, d'y aller comme prisonnier, d'y retrouver mes condamnés et de leur dire : « Mes amis, je suis aujourd'hui des vôtres ! » J'aurais aussi aimé à faire à MM. les otages les honneurs de la maison, et à les recommander de mon mieux aux bons soins de tous les anciens employés que je savais si dévoués et si sympathiques, à quelques exceptions près. Du reste, je n'aurais pas eu besoin de leur faire la moindre recommandation, MM. les otages le diraient comme moi; car ils n'en parlent qu'avec une touchante reconnaissance. J'aurais aussi revu avec bonheur ma chère chapelle, qui était restée intacte et vierge de toute profanation communale. Enfin mon imagination, de complicité avec mon cœur, se figurait que ma présence aurait peut-être porté bonheur aux otages, et que les plus scélérats de la Commune n'auraient pas osé toucher à ceux que j'aurais couverts de ma protection. Tels étaient, disons-le avec cette franchise que vous aimez en moi, les rêves d'un orgueil mal dissimulé. Aussi Dieu, pour me punir, me laissait-il seul à Mazas, seul comme une brebis galeuse, indigne de marcher avec le troupeau.

Livré à toutes ces rêveries, n'ayant guère envie de dormir, j'essayai cependant, sur les onze heures

du soir, de m'étendre tout habillé sur mon lit, et
de me boucher hermétiquement les oreilles pour
ne pas entendre le bruit effrayant et continuel des
bombes et des obus : précaution inutile, le sommeil se refusait opiniâtrément à mes paupières
appesanties. Cependant, au bout d'une heure, je
commençais à entrer dans un demi-sommeil
lorsque tout à coup ma porte s'ouvre avec fracas,
je m'éveille en sursaut, je regarde : c'est le capitaine Révol qui était déjà dans mes bras. Il était
revêtu de son costume d'adjudant-major de place,
le sabre à ses côtés, des revolvers à sa ceinture,
du galon partout.

« Comment, vous voilà, mon cher Révol, ici, à
minuit ? Qu'y a-t-il donc de nouveau ? que s'est-il
passé ? que venez-vous m'annoncer ? Depuis quelques jours je n'entends plus parler de vous. Êtes-
vous libre ou captif ? Et cet uniforme que je ne
vous avais pas encore vu ici ?...

— Oui, mon cher monsieur Crozes, je suis
libre ; mais il n'y a pas longtemps ; c'est aujour-
d'hui seulement, à cinq heures, que j'ai quitté
Mazas, et je ne veux pas vous dire ce que j'ai pu
faire pour vous avant de sortir, et qui me permet
de vous retrouver ici ce soir.

— Je comprends, mon cher Révol, et je
m'explique maintenant ce contre-ordre qui m'a été
donné et qui était pour moi un mystère, et je vous
remercie bien vivement, ou plutôt je ne pourrai
jamais assez vous remercier. Mais, dites-moi, on
m'a assuré que ces messieurs avaient été transférés à la Roquette. Savez-vous pourquoi, et s'il
y a là pour eux un danger de plus ou au contraire

une plus grande sûreté; si je dois m'en affliger pour eux ou bien m'en réjouir?

— Je crois que personne n'en sait rien; les événements, les circonstances les plus imprévues décideront peut-être de leur sort là-bas comme ici. Je pense seulement qu'on les a conduits à la Roquette pour avoir la main sur eux jusqu'à la fin; car ici ce n'eût pas été possible, vous saurez pourquoi avant peu. Quant à moi, je ne me suis occupé que de vous; j'ai informé Raoul Rigault que je vous avais fait rester à Mazas, et je lui ai demandé votre liberté pour demain; il me l'a promise. Je viendrai donc vous chercher moi-même, et je vous ferai de suite sortir de Paris, ou bien c'est que je serai mort. Mais même dans ce cas, ne vous inquiétez pas, vous sortiriez quand même avant très-peu de jours; c'est un secret qu'il m'est impossible de vous dire. Je vais vous quitter pour me reposer si je le puis, car je viens de Montrouge, et je suis très-fatigué; mais je n'ai pas voulu aller me coucher avant de m'être assuré que Garreau m'avait tenu parole, qu'il vous avait laissé ici, et avant de vous avoir annoncé la bonne nouvelle. Maintenant je vous quitte. »

Et il m'embrassa, et en m'embrassant il me dit tout bas à l'oreille : « Si vous ne partez pas demain ou mercredi, vous partirez infailliblement jeudi. » Et puis tout haut : « Adieu, cher abbé, à demain. » Et il sort aussitôt avec le brigadier qui ferme ma porte.

Me voilà de nouveau livré à moi-même dans le silence de la solitude. J'étais vivement ému et touché de la visite du capitaine, de ce qu'il avait

fait pour moi, de ce qu'il voulait faire encore. Je
remerciai Dieu du fond de mon cœur, et je le priai
avec ferveur pour ce pauvre égaré, lui rappelant
ce qu'il a dit dans l'Évangile : « Ce que vous faites
à l'un de mes plus petits, vous l'aurez fait à moi-
même. » Cela fait, je m'étendis de nouveau sur
mon lit, et je m'endormis paisiblement sous l'œil
de Dieu.

*
* *

Après quelques heures de repos, je me réveille,
et quoiqu'il soit encore bien matin, je me lève, et,
assis sur le bord de mon lit, j'aime à me rappeler
la visite du capitaine, son entretien, sa promesse ;
mais je ne puis chasser de mon esprit certains
doutes, certaines craintes qu'éprouve toujours
celui dont l'espérance n'est fondée que sur la
parole d'un homme. Ce n'est pas que je n'eusse
une entière confiance dans la bonne volonté et
dans le dévouement à toute épreuve de mon
capitaine ; mais ne devais-je pas mettre aussi
dans la balance l'incertitude des événements,
l'imprévu des choses humaines, et tout ce
qu'on appelle vulgairement les bonnes et les
mauvaises chances de toutes les situations ? Le capitaine ne m'a-t-il pas dit lui-même : « Je viendrai vous chercher demain, ou bien c'est que je
serai mort » ? Mais bientôt un rayon du ciel
pénétrait dans mon âme et une voix intérieure
me disait : « Et la Providence ! n'est-ce pas elle
qui depuis le commencement, depuis même
plusieurs années a tout disposé pour que ton
capitaine devînt en temps opportun l'auteur de

ta délivrance? N'est-ce pas elle qui l'a gardé
ici près de toi jusqu'à ce jour d'hier et jusqu'au
moment précis où il pouvait t'être utile? N'est-ce
pas elle qui te l'a amené au milieu de la nuit,
comme autrefois aux bergers les anges de
Bethléem? Crois-tu donc qu'elle laissera son œuvre incomplète? Les hommes meurent, les instru-
ments dont la Providence se sert peuvent être
brisés; mais, tu le sais bien, tu l'as dit assez
souvent aux autres, la Providence ne meurt pas. »
Ces réflexions me donnèrent une entière confiance,
je repris assez bien mon équilibre, je sautai au bas
de mon lit, je procédai d'abord à la toilette du
corps, puis à celle de l'âme, et, tout prêt à partir,
j'attendis mon capitaine.

*
* *

Comme il se fera peut-être longtemps attendre,
vous seriez bien aimables, mes chers amis, si vous
vouliez me faire l'honneur et le plaisir d'une petite
visite à mon domicile, boulevard Mazas, n° 25,
cité des otages, sixième bâtiment, n° 8. Vous ac-
ceptez, mes amis; je vous en remercie. Entrez,
messieurs, ne craignez point, le verrou ne se fer-
mera pas sur vous, et vous sortirez quand vous
voudrez. Je n'ai qu'une chaise à vous offrir, la
voilà; voilà ma petite table, voilà mon lit, paillasse, matelas, traversin, double couverture; ici
c'est un bidon pour l'eau, là une cuvette pour
se laver, un verre en fer-blanc, une cuiller en
bois, un balai de bouleau; voici le bec de **gaz**
pour la nuit, et dans ce coin un siége indispen-
sable. Sur ces tablettes vides aujourd'hui j'avais

habituellement des livres, du linge, des effets, des papiers, quelques petites provisions, les choses nécessaires pour la toilette; mais depuis quelques jours, tout a disparu. J'ai caché tout cela dans la paillasse, et jusqu'à mes draps de lit, ils sont, vous le voyez, dissimulés sous le matelas, et mes couvertures jetées négligemment par-dessus, comme sur un lit et dans une cellule inoccupés. Ceci vous intrigue, je le vois bien, et vous désirez en avoir l'explication, la voici. Dans notre situation actuelle, on doit s'attendre à tout; il peut donc arriver qu'un jour ou un autre la Commune lâche contre nous une bande de septembriseurs pour nous égorger; les gardiens seront bien forcés d'ouvrir toutes les portes, et les pauvres captifs seront livrés sans défense aux coups des assassins. Quand la force manque, on emploie la ruse; sitôt donc que j'entendrai un tumulte inaccoutumé, des vociférations, des hurlements, des blasphèmes, avant-garde obligée de ces scélérats, que le danger me paraîtra imminent, je me cacherai bien vite sous mon lit, et les bandits, ne voyant personne, ni rien qui indique la présence d'un détenu, passeront outre et je serai sauvé. Voilà mon secret, mes amis, vous ne me trahirez pas? Voilà pourquoi aussi j'ai pris un costume assez excentrique : je me suis déguisé en maçon, et je conserve avec soin ma barbe de deux mois. Mais je ne veux pas vous retenir plus longtemps, chers amis, j'espère vous rendre bientôt ma visite, au revoir.

Me voilà donc encore seul entre les mains de la

Providence et attendant d'heure en heure mon libérateur. Dix heures sonnent, onze heures sonnent,
midi sonne et mon libérateur n'arrive pas. Il ne
faut pas me désespérer pour cela, la journée n'est
pas finie. Je vais au contraire profiter de ce retard
pour remplir un pieux devoir que je me suis im-
posé depuis le 1ᵉʳ mai. Tous les jours à midi, je
dis dans ma cellule ce que j'appellerai une messe
blanche, comme autrefois, tout enfant, je la disais
à Albi, rue de l'Escalier de verre, dans la maison
paternelle. Seulement, le petit abbé de sept ans,
aux cheveux blonds et frisés, avait une assez belle
chapelle, un gentil petit autel, de beaux ornements
de papier, un beau luminaire, trop beau peut-être,
car un jour il manqua de mettre le feu à la maison ;
tandis qu'à Mazas, le prêtre de soixante-six ans,
l'abbé devenu vieux, n'a rien, absolument rien pour
dire sa messe blanche. Je me trompe, il a encore
quelque chose. Voilà un grand atlas de cartes géo-
graphiques, assez proprement relié ; je le pose sur
mon lit ; et maintenant laissez-moi lever la première couverture de mon atlas, et regardez.
Voyez-vous ces images attachées avec des épingles,
ce Christ en croix, cette Vierge de Raphaël, ce
saint Joseph, cet ange gardien, ce vieux solitaire
et ce soldat martyr qui sont mes patrons? Voilà
ma chapelle, mon église, ma cathédrale, où le
matin et le soir je dis mes prières, mon office aux
diverses heures du jour, et ma messe blanche à
midi. Mais d'abord nous allons avertir les fidèles,
et pour cela je tire cette petite corde au bout de
laquelle il y a une cloche invisible que je n'ai jamais entendue, mais que les anges entendent sans

doute, car il me semble qu'il y en a bien tous
les jours une douzaine qui assistent à ma messe.
Et les ornements? et les burettes? et le calice? et
l'hostie? et l'eau? et le vin? et les cierges? et le
missel? et puis l'enfant de chœur? Tout y est, mes
amis, tout; seulement, tout est invisible. Mais n'importe, l'heure est sonnée, il faut que je commence.
Me voilà déjà dans ce coin qui me sert de sacristie;
je m'habille avec mes ornements invisibles, et
quand je suis habillé, je vais gravement à l'autel;
c'est mon ange gardien qui me précède; c'est lui
qui me sert d'enfant de chœur et qui va me répondre; et c'est ainsi que je continue ma messe,
disant toutes les prières et faisant toutes les céré-
monies, autant que cela peut se faire quand tous
les objets du culte sont invisibles. Heureusement
Dieu entend les prières et nous tient compte des
bonnes intentions. Mais la messe est finie. Je ferme
la chapelle. Mes bons petits anges fidèles, remontez
au ciel; je compte sur vous encore pour demain,
si je ne suis pas parti. Mais vous, mon bon ange gardien, restez avec moi; je n'ai que vous pour me
tenir compagnie; d'ailleurs j'ai besoin de vous
pour ce soir à huit heures : vous savez que nous
faisons le mois de Marie; voilà une branche de lilas
que j'ai cueillie en revenant de la promenade; la
fleur d'hier est desséchée, vous mettrez celle-ci à
la place; il me semble, mon bon ange, que la
sainte Vierge m'écoute mieux quand je lui offre
une nouvelle fleur; mais n'oubliez pas saint Joseph,
c'est demain mercredi, c'est son jour; et surtout
ne manquez pas de leur rappeler à tous deux que
je leur ai promis d'aller le 31 mai à Notre-Dame

des Victoires; par conséquent, il faut qu'avant ce jour je sois mis en liberté; dites-leur que le temps presse, nous voilà demain au 24.

Telle était en ce jour, mes chers amis, ma petite conversation intime avec mon bon ange gardien. Je crois qu'il fit bien ma commission auprès de la sainte Vierge et de saint Joseph; car si je ne sors pas aujourd'hui, si je ne sors pas demain, le capitaine me l'a dit, et la Providence y est engagée, je sortirai infailliblement jeudi.

Mais il me semble, mes chers amis, que j'abuse étrangement de votre attention, et malgré votre accueil si bienveillant et vos applaudissements sympathiques dont je suis si flatté que je reviendrais volontiers à Mazas pour les mériter encore, permettez-moi de remettre à votre réunion de dimanche prochain la fin de l'histoire du capitaine Révol, mon libérateur.

Suite du Récit.

Messieurs et amis, reprenons aujourd'hui l'histoire interrompue de mon capitaine. Vous vous rappelez que le lundi 22 mai, il me fit rester à Mazas au moment où j'allais être transféré à la Roquette, et que le soir à minuit il vint me faire une visite et me promettre ma liberté pour le mardi ou le mercredi peut-être, mais dans tous les cas et infailliblement pour le jeudi. La journée du mardi se passa dans l'attente d'une liberté qui ne vint pas; le mercredi sera-t-il plus heureux, je l'ignore encore. Mais ce que je puis vous dire de suite, c'est que depuis deux jours le docteur de Beauvais, médecin de la prison, n'avait pas fait ses visites habituelles. Or, pour ceux qui le connaissaient, c'était un signe certain de la gravité des événements. Car le docteur de Beauvais n'est pas seulement un des médecins les plus distingués de la faculté de Paris, un des hommes les plus aimables et les plus sympathiques que je connaisse, mais il est encore d'une telle exactitude dans son service, que s'il n'est pas venu, c'est que les obstacles qu'il a dû rencontrer sur son chemin ont été insurmontables. D'un autre côté, les *reporters* de la maison, mes pourvoyeurs de nouvelles, m'apprirent, dans le courant de la journée, bien des choses qui ne manquaient pas pour moi d'intérêt et qui me permettaient d'apprécier la situation. Je contrôlais d'ailleurs le dire des uns par le dire des autres, et je me formais ainsi une opinion.

Ce jour-là, le baromètre politique, depuis si longtemps à la tempête, me semblait passer au variable et aller rapidement au beau; que j'eusse voulu le voir monter au beau fixe ! Ce qui me frappa surtout, c'était l'unanimité avec laquelle tous mes nouvellistes m'annonçaient que le dernier jour de Mazas était proche, que ce jour même était fixé, et que le jeudi 25 mai la torche incendiaire accomplirait l'œuvre de destruction.

Du reste, tout ce que j'avais appris dans la journée me fut confirmé le soir par notre bon et si estimable pharmacien, qui vint aussi, à l'heure accoutumée de ses visites, m'apporter son contingent de nouvelles. Tous les otages de l'infirmerie et beaucoup d'autres encore pourraient dire comme moi les soins si attentifs dont il nous entourait ; venant nous visiter deux fois par jour, et nous donnant des encouragements et des consolations que ne lui fournissait pas la pharmacie centrale, mais qu'il trouvait abondamment dans son cœur. Je ne vous dirai pas, mes chers amis, toutes les petites douceurs qu'il me prodiguait en particulier ; il me reprocherait d'être par trop indiscret ; mais il me permettra bien, et vous aussi, de vous raconter la petite histoire des asperges. La voici :

Lorsque, sous le directeur Mouton, je me promenais tous les jours dans son jardin avec le capitaine Révol, celui-ci me dit un jour, en me montrant des asperges qui commençaient à pousser leur pointe :

« Voyez-vous, mon cher abbé, les premières seront pour vous, c'est moi qui le veux, et le directeur n'y trouvera rien à dire. »

Le capitaine prophétisait vrai, et cependant ce n'était pas lui qui devait me les offrir ; car le nouveau directeur nous interdit, fin d'avril, toutes nos promenades. Mais notre bon pharmacien l'avait entendu ; il voulut bien endosser la parole du capitaine et s'engager à commettre lui-même le méfait. Un jour donc, en dépit du code pénal et des surveillants de la maison, avec l'aide du jardinier qu'il avait mis dans la confidence, il ...... cueillit très-prestement et très-consciencieusement, dans le jardin du directeur, les asperges promises ; et puis, après les avoir fait préparer avec soin par sa charitable dame, il me les apporta mystérieusement, me disant à l'oreille leur provenance. Eh bien, mes amis, je le dis à ma honte, ce plat nouveau, cette primeur de printemps et de prison, ce fruit défendu me tenta comme la pomme du paradis, comme les lentilles d'Esaü, et je les acceptai ; et en les acceptant je me rendis complice du larcin. Et puis, pour qu'elles fussent légères à ma conscience, je cherchai à m'excuser, comme on fait toujours quand on commet une faute ; je cherchai à m'excuser en disant que je ne les avais pas acceptées par gourmandise, mais uniquement pour faire plaisir au pharmacien qui me les avait données, à sa dame qui les avait préparées, et pour accomplir la prophétie de mon capitaine : « Les premières seront pour vous. »

Mais laissons là les asperges et revenons à l'aimable pharmacien cause de cette digression. Je lui parlai de mon capitaine Révol et de la liberté qu'il m'avait annoncée ; je lui dis que je l'avais attendu hier, que je l'attendais encore aujourd'hui, et que je voulais espérer en lui jusqu'à la fin.

« Vous avez raison, me dit le pharmacien, je connais Révol, ayez confiance en sa parole, vous partirez demain », et ce disant, il me quitta.

J'étais loin de me douter qu'au moment où il me quittait et où je rentrais tranquillement dans ma solitude, plein d'une douce confiance, qu'à ce moment même un grand crime s'accomplissait à la Roquette, et que peut-être, sans l'intervention de mon capitaine qui m'avait fait rester lundi à Mazas, j'aurais été du nombre des victimes de ce drame sanglant. Mais restons encore dans cette heureuse ignorance et essayons de prendre un peu de repos dans l'espoir d'un heureux lendemain.

*
* *

Enfin nous voilà arrivés au jeudi, ce jour si désiré de la délivrance. Déjà les premiers rayons du soleil commençaient à pénétrer dans ma cellule ; mon paquet était fait, mon office récité d'avance pour toute la journée, et, l'espérance au cœur, j'attendais. J'attendais, comptant les heures, les minutes, les instants, me promenant de long en large dans ma cellule qui me semblait devenir chaque jour plus étroite, épiant les allées et les venues du corridor, l'œil et l'oreille toujours au guet. A chaque instant, au moindre bruit, je croyais entendre les pas du capitaine libérateur. Mais le rayon d'espérance brillait et disparaissait comme l'éclair. Et cependant ma délivrance était proche ; mais elle ne devait pas m'arriver sous les traits de l'ami dévoué.

Huit heures du matin sonnaient à l'horloge de Mazas ; des pas inusités se font entendre dans le corridor, et un moment après ma porte s'ouvre. C'est le directeur Garreau, dont les traits m'étaient tout à fait inconnus ; il entre dans ma cellule, accompagné du greffier, du brigadier et de deux autres gardiens, absolument comme à la Roquette quand nous allons annoncer à un condamné à mort que sa dernière heure est venue. Il porte son fusil en bandoulière ; il a l'air embarrassé :

« Monsieur l'abbé, me dit-il avec une certaine solennité, je viens vous annoncer... »

Je l'interromps :

« Qu'il faut mourir, sans doute? Eh bien, directeur... »

Il ne me laisse pas finir, et poussant, avec ceux. qui l'accompagnent, un éclat de rire qui me rassure :

« Que dites-vous, monsieur l'abbé? Je viens au contraire vous annoncer votre liberté. Elle est signée, je vais chercher l'ordre au Comité; je rentrerai vers midi, et aussitôt je vous ouvrirai toutes les portes. En attendant, vous êtes libre dans la maison; allez où vous voudrez, il n'y a plus pour vous de cellule. »

Je le remercie avec effusion, je l'embrasse même, comme on embrasserait un tigre changé en agneau, et je l'accompagne jusqu'à la porte d'entrée, où je le laisse en lui souhaitant un prompt retour. Pour moi, je rentre en triomphe dans l'intérieur de la prison; je reçois en passant les félicitations de tout le monde. Je parcours toutes les divisions; je monte à tous les étages; je porte partout l'espérance avec ce mot magique pour des captifs : « Dans quelques heures vous serez libres. » J'avais en effet très-bien compris que le directeur Garreau allait chercher au Comité, non pas précisément ma liberté, mais l'ordre général d'évacuer la prison avant d'y mettre le feu. La prédiction de mon capitaine allait donc s'accomplir : « Quoi qu'il arrive, vous sortirez infailliblement jeudi. »

Une bombe providentielle devait même avancer l'heure de la délivrance générale. Envoyée par le ciel ou par l'enfer, venant du Père-Lachaise ou des batteries versaillaises, elle tombe avec un fracas épouvantable au milieu de la prison qu'elle rem-

plît de débris, de poussière et de fumée. On court
de tous côtés, on ouvre toutes les portes pour s'assurer s'il y a des morts, des blessés, un commencement d'incendie ; et six cents détenus sortant
alors en même temps de leurs cellules, se préci-
pitent comme une avalanche, de tous les étages,
vers la porte du guichet central qui s'ouvre devant
eux. Ils ont bientôt envahi les chemins de ronde
et se sont avancés jusqu'aux grilles de la première
cour.

Là il y a un moment d'arrêt, on cause, on se
consulte, on se regarde, on ne sait trop ce qu'on
doit ou même ce qu'on peut faire ; on jouit d'ailleurs déjà d'une demi-liberté, et on en est presque
à se demander si on n'est pas plus en sûreté dans
la prison que dans la rue. Je trouvai là une bonne
occasion de constater combien est vrai le proverbe :
« Qui se ressemble s'assemble. » Je vis en effet des
groupes divers se former rapidement et avec un
instinct remarquable : les malfaiteurs avec les malfaiteurs, les voleurs avec les voleurs, les vagabonds
et les mendiants avec les mendiants et les vagabonds ; ailleurs c'était un groupe d'otages civils ;
un peu plus loin, des fédérés insoumis à la Commune ; et dans un coin à part, un groupe assez
nombreux, composé de pieux séminaristes, d'hum-
bles frères des Écoles, de simples novices, presque
tous assez mal dissimulés sous la fausse étiquette
d'un costume civil. Je crus aussi y reconnaître
M. l'abbé Vautier, du clergé de la Madeleine, oublié comme moi à Mazas.

Pour moi, toujours sous le costume du légendaire
Badinguet, je me trouvais mêlé à quelques forçats

qui m'avaient reconnu et étaient venus me serrer la main.

D'après le conseil que je pratique et que j'aime à donner aux autres, je les engageais à remercier encore Dieu dans leur malheur, en pensant qu'il aurait pu leur arriver pire. Vous êtes condamné à perpétuité, remerciez Dieu de n'avoir pas été condamné à mort ; vous avez dix ans de travaux forcés, remerciez Dieu de n'en avoir pas vingt ; vous avez perdu un œil, remerciez Dieu de vous avoir conservé l'autre. Je continuais ainsi mes sermons en plein air, lorsque le brigadier Doyen, dont je n'ai jamais eu qu'à me louer, vint m'appeler, me sépara des autres, me conduisit par un chemin détourné, et me fit sortir par une porte dérobée, avec le bon frère Amèle de Sainte-Marguerite, que j'avais reconnu et entraîné avec moi.

M. Cantrel, greffier, nous offrit une cordiale hospitalité, et ce fut de la fenêtre de son logement que nous vîmes sortir les six cents détenus, sur le sort desquels nous n'étions nullement rassurés. Il ne resta à Mazas, avec le frère Amèle et moi, que deux autres otages, M. Coré, directeur du dépôt, et M. Bacon du Gers. Nous étions restés par prudence, pour ne pas courir les dangers auxquels le plus grand nombre des fugitifs ne purent échapper qu'avec des efforts inouïs et à travers des obstacles sans nombre. Heureux encore ceux qui n'y trouvèrent pas la mort !

Cette nombreuse population s'était écoulée assez rapidement, et quand le dernier fut parti, les cent gardes nationaux du poste, ne pas confondre avec les Cent-Suisses de Charles X, jetèrent leurs fusils et s'enfuirent chez eux à toutes jambes, pour s'y mettre à l'abri du danger. Nous verrons bientôt combien cette fuite était providentielle pour nous et pour la maison. Si le poste était resté, je suis convaincu que Mazas aurait été brûlé.

*
* *

Sur ces entrefaites, le directeur rentre à Mazas avec l'ordre écrit de mettre tout le monde en liberté; on lui apprend que la chose est déjà faite, et que le poste est abandonné. Il fait fermer les portes, et attend comme nous les événements. On était dans cette expectative lorsqu'arrivent deux gardes nationaux porteurs d'un pli qu'ils remettent au directeur; c'était l'ordre formel de mettre le feu à Mazas par tous les moyens possibles.

Garreau d'abord hésite, mais une énergique résistance s'organise dans la prison parmi les employés qui ont là leur logement, leur mobilier, leurs femmes et leurs enfants. On déclare au directeur que l'ordre ne sera pas exécuté, et on renvoie les deux gardes nationaux porter la réponse à la Commune.

Bacon du Gers, un des quatre otagés restés, se mit à la tête du mouvement, je pourrais presque dire de l'insurrection. On ferma les portes dont il garda les clefs, on chercha des armes, on garda le directeur à vue, et on résolut de se défendre en désespérés, si des renforts communeux essayaient de forcer les portes. Ce Bacon du Gers était un homme instruit, un orateur de club, un ancien incrédule et athée revenu de ses erreurs, un républicain consciencieux et honnête. Il me disait le matin

que son intention était de se retirer à la Trappe,
affirmant qu'on ne trouvait que là et chez les frères
des Écoles de vrais républicains. Dieu se sera contenté de ses bonnes intentions ; car le soi-disant
juge d'instruction de la Commune qui l'avait fait
arrêter lui avait en même temps tout volé, et en
sortant de Mazas, ce pauvre Bacon est tombé malade et il est mort au bout d'un mois, de chagrin
et de misère. C'est ce Bacon qui soutint jusqu'au
soir notre courage, jusqu'au moment où l'armée
libératrice entra dans Mazas.

Il était environ dix heures du soir, je venais de
faire une ronde pour veiller au feu, et j'allais me
reposer un peu dans une cave située au-dessous
du guichet d'entrée, et qui nous servait de refuge.
J'y étais à peine depuis quelques minutes que
j'entends au-dessus un bruit qui attire mon attention ; je prête l'oreille ; du dehors on frappe à la
porte à coups redoublés, on parlemente quelques
instants et la porte s'ouvre. Je m'empresse de
monter, et, caché derrière une grille vitrée, je regarde ; mais j'ai beau regarder, la nuit est si obscure que je ne puis rien distinguer. Cependant je
ne puis douter qu'il n'y ait là des bataillons armés
qui occupent déjà la première cour. Mais est-ce
des amis ou des ennemis ? des sauveurs ou des
bourreaux ? C'était là la grave question que je ne
pouvais, mais que je voulais absolument résoudre.
Pour sortir donc de cette cruelle perplexité, j'ouvre hardiment la grille, je passe auprès de ces uni-
formes sans les reconnaître, et je vais me réfugier

dans les cuisines. Il y avait là sept ou huit personnes, hommes et femmes, livrées comme moi au supplice de l'incertitude. Les femmes surtout s'abandonnaient au désespoir, pleuraient et redisaient sur tous les tons : « Nous sommes perdus, nous sommes perdus, on va nous fusiller », et puis les uns disaient : « Ce sont les Versaillais » ; les autres : « Non, ce sont les communeux. — Voyons, leur dis-je, soyons raisonnables. Si ce sont les Versaillais, personne n'a rien à craindre ; si ce sont des communeux, il n'y a de danger que pour moi : ainsi, restez tranquilles et laissez-moi prendre mes précautions. Voyons, monsieur Baptiste, vous êtes en train de laver la vaisselle, donnez-moi un tablier et puis un torchon, que je vous aide, et si les communeux viennent ici, je serai votre marmiton. »

J'étais déjà en train de laver ma première assiette lorsque je vois entrer dans la cuisine un officier en tenue de campagne. Rien qu'à sa figure franche et honnête je reconnais de suite qu'il appartient à l'armée française ; je laisse là ma vaisselle, mon torchon, mon tablier, et je cours l'embrasser en me faisant connaître. J'étais enfin sauvé, et sauvé le jeudi, comme me l'avait dit le capitaine Révol.

Je suis donc libre, mon cher capitaine, votre œuvre est accomplie ; mais c'est la mienne qui commence.

QUATRIÈME PARTIE

Le capitaine Révol, huit jours après ma délivrance, m'apprend lui-même le tragique dénoûment de son histoire.

En effet, mes chers amis, ce matin encore j'étais captif, et Révol était libre ; ce soir je suis libre, et Révol peut-être est déjà captif. C'est à lui que je dois ma délivrance, c'est à lui que je dois de pouvoir circuler librement dans Mazas, en sortir même si cela me convient, tandis que les otages de la Roquette passeront la nuit dans une cruelle agonie, et que le soleil de demain éclairera pour cinquante-et-un d'entre eux le dernier jour de leur existence. Ferai-je donc comme l'échanson de Pharaon, qui avait promis à Joseph de le faire sortir de prison et qui l'oublia pendant deux ans? Non, non ; Révol ne m'a pas oublié, je n'oublierai pas Révol. J'ai sans doute bien des défauts ; mais je ne crois pas avoir à me reprocher le vice de l'ingratitude, et, par vertu ou par orgueil, je suis reconnaissant.

* *

Dès le vendredi matin je commençai donc à m'occuper ou du moins à me préoccuper de lui. Car si l'épée de Damoclès que la Commune avait, pendant deux mois, suspendue sur ma tête, n'était plus à craindre pour moi, cette épée était peut-être

4

déjà suspendue sur la tête de mon capitaine. Son sort me donnait de cruelles et sérieuses inquiétudes, et tout ce que nous apprenions à Mazas des succès de l'armée n'était guère fait pour me rassurer sur le compte de mon libérateur. Aussi, toutes les fois que les grilles s'ouvraient, c'est-à-dire presque à chaque instant, pour recevoir des insurgés pris les armes à la main, je me figurais que peut-être il était parmi eux. Je les regardais attentivement pour le reconnaître, préparant d'avance mon plaidoyer en sa faveur, cherchant toutes les inspirations qui pourraient lui rendre ses juges favorables : exorde par insinuation, plaidoyer des plus chaleureux, péroraison à attendrir des rochers. Le succès était certain.

Ainsi se passa le vendredi, qui eût été pour moi un jour de calme et de repos, si j'avais pu éloigner de mon esprit et de mon cœur le souvenir de mon capitaine; car les échos de Belleville n'étaient pas encore venus jusqu'à nous pour nous apprendre les horribles massacres de la rue Haxo.

Du reste, je profitai de mon séjour à Mazas pendant toute cette journée du vendredi pour donner à quelques malheureux qui allaient être fusillés les secours et les consolations de mon ministère. Le directeur Garreau fut de ce nombre. Dès la veille, l'officier qui commandait le détachement du 35ᵉ l'avait fait enfermer dans une cellule, sauf à aviser plus tard sur son sort. Le lendemain donc, vers midi, Garreau, qui ne prévoyait que trop le sort qui lui était réservé, me fit appeler pour s'entretenir avec moi de tout ce qu'exigeait la situation. Il me fit d'abord certaines recommandations toutes confidentielles, me remit des lettres pour des personnes amies et pour des membres de sa famille, et il finit par me demander d'une manière bien déterminée les secours de la religion. Ce fut de grand cœur et non sans une vive émotion que j'ouvris les portes du ciel à celui qui la veille, dans un bon mouvement d'humanité, m'avait ouvert la porte de ma cellule. Il était temps, car deux heures plus tard, après la prise du viaduc de Vincennes, on amena plusieurs insurgés pris les armes à la main, et le directeur Garreau, qui me fit encore appeler au dernier moment, fut avec eux passé par les armes dans les chemins de ronde de Mazas.

*
* *

Le lendemain samedi 27 mai, veille de la Pentecôte, le boulevard Mazas étant parfaitement libre, je demandai un laisser-passer, et, après avoir fait mes adieux à la maison et serré la main à tous les gardiens, je franchis le seuil de la porte. Le croiriez-vous, mes amis? je pleurais en sortant, et l'on eût dit que je regrettais la cellule et les verrous, tant il est vrai qu'on s'accoutume à tout, même au malheur. Le bon Dieu cependant m'avait envoyé un ange consolateur : un des plus dignes prêtres du clergé de Paris, M. l'abbé Fauvage, premier vicaire de Notre-Dame des Champs, chargé de l'administration de la paroisse pendant la longue maladie du vénérable curé, n'avait pas hésité, malgré ses fatigues et la pluie qui tombait par torrents, de venir me chercher, et il me conduisit avec une rare complaisance, pendant plus de deux heures, dans les quartiers de la rive gauche, sans s'inquiéter, non plus que moi, ni de la boue ni de la pluie. J'étais du reste si heureux de l'entendre me raconter l'histoire de la Commune pendant mes deux mois de captivité, et les persécutions qu'il avait lui-même endurées, que j'arrivai chez lui à deux heures de l'après-midi, sans me douter que je n'avais encore rien pris de la journée. Il eut la bonté de me faire servir un déjeuner d'ami, et après avoir réparé mes forces épuisées, je le quittai pour continuer mes courses. Vous me dispenserez, mes amis, de vous raconter toutes mes pérégrinations du jour à travers les barricades détruites, les cadavres amoncelés, les maisons réduites en cendres, les monuments dévorés par les flammes. Je ne vous dirai pas les tentatives inutiles que je fis pour arriver jusqu'à la Roquette, qui était encore au pouvoir de la Commune; je ne vous dirai pas mes premières visites à l'archevêché, où je portai de bien tristes nouvelles dont on aurait voulu douter encore, et à Mgr Buquet, qui les attendait dans une cruelle anxiété et qui refusa d'y croire; je ne vous dirai pas toutes les personnes que je rencontrai, et qui, me regardant avec stupéfaction, n'osant pas s'approcher de moi ni m'adresser la parole, ni me tendre la main, finissaient cependant par me dire :

« Êtes-vous bien M. Crozes? On nous a tant dit que vous étiez fusillé! »

Et je leur répondais :

« Oui, mon cher monsieur, oui madame, je crois bien que c'est moi; cependant, je n'en suis pas bien sûr; car voilà un journal qu'on m'a remis ce matin et qui annonce ma mort, et la nouvelle paraît d'au tant plus certaine que le rédacteur lui-même m'a vu fusiller et enterrer. Mais puisque vous me re- connaissez, je commence à croire que le journal s'est trompé et qu'il m'a pris pour un autre. »

Ce qu'il y a de certain, mes amis, c'est que pen- dant plus de quinze jours je doutais presque de moi-même et me disais :

« Est-il bien vrai que j'existe? n'est-ce pas un rêve? »

*
* *

Mais enfin, revenant ou non de l'autre monde, j'essayai avant la nuit d'aller autour des ruines fumantes de la préfecture de police pour m'en- quérir du capitaine Réyol. Je ne rencontrai que le concierge, dont la loge était restée intacte, et qui me raconta d'une manière fort intéressante ce qui s'était passé depuis huit jours dans les limites de son domaine. Quant au capitaine, il l'avait bien vu le mardi; mais depuis il ne savait ce qu'il était devenu.

Il était temps de chercher un asile et de prendre un repos dont j'avais tant besoin après les émo- tions de la semaine et les fatigues de la journée. J'allai donc me réfugier à la Pitié, chez un vieil ami, M. l'abbé Roussel, premier aumônier. Lui aussi, il me croyait mort, et cependant il accueillit sans trop de frayeur le revenant de l'autre monde, et après les premiers épanchements de l'amitié, comme il s'aperçut que j'étais accablé de sommeil, il me laissa. Je me recommandai à Dieu dans une

4.

courte prière, et je m'étendis sur le lit improvisé que m'avait préparé la vieille gouvernante.

*
* *

Le lendemain dimanche, jour de la Pentecôte, il me fut donné de monter à l'autel, et je dis une messe d'action de grâces; c'était la première depuis deux mois, et j'étais aussi profondément ému que lorsque, à l'âge de vingt-quatre ans, dans les caveaux de Saint-Sulpice, le 18 juin 1830, j'offrais pour la première fois l'auguste sacrifice de nos autels. Tout en remerciant Dieu des bienfaits dont il m'avait comblé, je me gardai bien d'oublier mon capitaine; il y eut même à cette messe plus d'oraisons pour lui que pour moi, et son souvenir absorba devant Dieu ma pensée. Car chaque jour de ma longue vie sacerdotale m'a appris par ma propre expérience ce qu'une pieuse mère m'apprenait dans mon enfance, c'est que Dieu, qui est toujours prêt à nous recevoir et à écouter nos prières, a cependant ses audiences de faveur, ses heures privilégiées, l'heure du sacrifice où par les mains du prêtre s'offre à Dieu la sainte victime du Calvaire. Aussi ceux qui savent en profiter sont presque toujours sûrs d'être exaucés. Je ne manquai donc pas de lui parler à l'autel de mon libérateur, et tenant en mes mains l'hostie sainte qui a racheté le monde, je lui demandai, au nom de son fils, le rachat de celui à qui je devais ma liberté et ma vie. Mais comme c'était une longue affaire à traiter, et que nous ne pouvions pas faire attendre trop longtemps les fidèles qui assistaient à la messe, Dieu me dit : « Nous traiterons cette

affaire plus tard, quand tu seras seul avec moi. »
Je le pris au mot, et à partir de ce moment, pendant près de huit jours je ne cessai de lui parler
de Révol, de le tourmenter, de le harceler en
quelque sorte à son sujet. Tout autre que Dieu
aurait fini par s'impatienter et par me dire : « Laissez-moi tranquille, vous m'ennuyez » ; mais Dieu,
au contraire, aime qu'on l'ennuie et qu'on l'impa-
tiente. Les rois et les empereurs, les princes et les
ministres, les maires et les préfets, les présidents
mêmes de république, et bien d'autres encore, diraient à leur valet de chambre : « Quand cet abbé
reviendra, vous lui direz que monsieur est absent. »
Mais quand nous demandons à parler à Dieu, les
anges ne nous disent jamais : le bon Dieu est absent. Je ne cessais donc de lui parler de mon capitaine ; et le jour et la nuit, et le matin et le soir, à
la messe et à l'office, à la maison et dans la rue,
partout et continuellement je lui répétais la même
chose, tantôt en lui parlant très-convenablement et
comme un homme raisonnable, tantôt en le câli-
nant, comme un enfant qui câline sa mère pour en
obtenir un gâteau, quelquefois même presque en
me fâchant, et c'était toujours le même refrain : « Il
faut que je trouve Révol ; il faut que je le sauve ;
dites-moi où il est, mettez-moi sur sa trace. Si je
lui dois beaucoup, mon Dieu, vous aussi vous lui
devez bien quelque chose ; vous vous êtes servi de
lui pour me sauver ; il a été l'instrument actif et
fidèle de votre Providence, et aujourd'hui vous
l'abandonneriez à son mauvais sort? Non, ce n'est
pas possible. J'ai toujours dit et prêché que ce
que vous faites est bien fait ; eh bien, mon Dieu,

si vous ne sauvez pas Révol, je serai forcé de dire que ce n'est pas toujours vrai. Et puis cette œuvre si providentielle de ma délivrance, cette œuvre qui est la vôtre, restera incomplète, il y manquera quelque chose, et je n'oserai pas raconter vos bienfaits, si le salut de Révol ne sert pas de couronnement à mon histoire. Je veux Révol, et vous me le donnerez. »

*
* *

Tout en parlant ainsi à Dieu, je n'oubliais pas le proverbe qui dit : « Aide-toi, Dieu t'aidera », et pendant plusieurs jours je fis toutes les démarches inimaginables pour retrouver mon capitaine, pour découvrir quelques nouvelles, pour savoir s'il était mort ou vivant, libre encore ou prisonnier.

Malheureusement tout cela n'aboutissait à rien, c'était des pas perdus, des démarches inutiles, et je commençais à désespérer lorsque le 2 juin, huit jours après ma délivrance, je reçois une lettre qui arrive de Vincennes ; je l'ouvre et je regarde d'abord la signature. Elle était signée : « *L'abbé Gillet de Kervéguen, aumônier du fort de Vincennes* », et elle renfermait une feuille de papier écrite au crayon et signée... *Révol.* Je regardais ces deux lettres, je les dévorais pour ainsi dire des yeux, et cependant je n'osais pas les lire, je craignais d'apprendre une mauvaise nouvelle, et je me plaisais à rester dans le doute et à me balancer entre la crainte et l'espérance. Je déposai donc ces lettres sur mon prie-Dieu, au pied de la croix, et, prosterné devant la sainte image, je dis à Dieu : « Eh bien, mon Dieu, est-ce une bonne ou une mauvaise nouvelle que vous m'annoncez? Aurai-je à vous bénir ou à me soumettre sans murmure aux décrets de votre justice? » Dieu sembla me répondre : « Lis toujours, et puis tu me jugeras, et tu me diras si j'ai noblement récompensé ton capitaine, ou bien si j'ai oublié ce qu'il a fait pour toi. » Aussitôt je reprends les lettres, et m'approchant de la fenêtre, je commence par celle de l'aumônier.

« Monsieur l'abbé,

« J'ai l'honneur de vous adresser quelques li-
« gnes écrites à la hâte par le capitaine Révol, qui
« a été condamné à mort et fusillé le 30 mai, dans
« les fossés du château. Il m'avait plusieurs fois
« parlé de vous et de vos bontés, et il s'est con-
« fessé avant de mourir.

« Veuillez agréer, etc.

« L'abbé GILLET DE KERVEGUEN,
« aumônier de la place de Vincennes. »

Voilà pour la première lettre.

Voici la seconde :

« Chère mère, je ne serai plus lorsque tu rece-
« vras ma lettre, car je n'ai que le temps de t'é-
« crire à la hâte ce petit mot que voudra bien te
« remettre M. l'aumônier de la Roquette. J'ai
« suivi les conseils qu'il m'avait donnés à Mazas;
« je reconnais et je regrette les erreurs dont je
« suis le premier la victime. Je te demande par-
« don des peines et des chagrins que je t'ai cau-

« sés. Embrasse pour moi ma fille; je la. recom-
« mande à mon neveu.

 « Ton fils, qui va mourir.

« A. Révol. »

C'étaient là, mes amis, de bien tristes nouvelles;
mais enfin, c'étaient des nouvelles. Je n'avais plus
à chercher mon capitaine, je n'avais plus à plaider
pour lui devant les hommes; mais je pouvais plaider pour lui devant Dieu, et déposant de nouveau
mes lettres au pied de la croix, je dis à mon pauvre
Révol mon premier *De profundis*.

*
* *

Mais il me sembla aussitôt que j'avais maintenant un compte à régler avec Dieu. Depuis huit
jours je l'avais chargé de payer lui-même la dette
de ma reconnaissance et de couronner l'œuvre de
sa Providence. Et voilà que cette terrible nouvelle,
Révol est mort, vient se jeter entre Dieu et moi
comme une énigme, je dirais presque comme une
accusation que je n'osais pas formuler. Je me dé-
cidai donc à lui parler, et je le fis avec cette simplicité, cette familiarité même dont usait autrefois
le patriarche Abraham dont je porte le nom.

Car, mes amis, prenez-moi pour un juif si vous
voulez, loin d'en rougir, je m'en glorifierai, tant
je serai bien apparenté; mais je m'appelle, mon
acte de naissance à la main, Abraham Crozes, et
Mgr Surat, mon condisciple de séminaire avant
1830, et l'une des plus regrettables victimes du
27 mai, m'appelait toujours «mon père Abraham».
Et ce qu'il y a ici de singulier, c'est que mon père

s'appelait Isaac Crozes, de sorte que tandis que l'Abraham de l'Ancien Testament était le père d'Isaac, l'Isaac du dix-neuvième siècle a été le père d'Abraham. Pardonnez-moi, mes amis, et vous surtout, vénérable curé de Saint-Sulpice, de vous dire de semblables puérilités; je suis très-enfant de caractère. Du reste, la nature aime les contrastes, et puisque aujourd'hui les enfants sont des hommes et les jeunes gens quelquefois des vieillards, pourquoi les vieillards ne seraient-ils pas aussi quelquefois des enfants?

Mais revenons au sérieux et commençons par vous lire dans la Bible de Sacy ce touchant plaidoyer d'Abraham en faveur de Sodome, tel qu'il est rapporté au chapitre XVIII de la Genèse, versets 20 et suivants.

Le Seigneur dit à Abraham :

« Le cri des iniquités de Sodome est monté jusqu'à moi. Je descendrai donc, et je verrai leurs œuvres, pour savoir si cela est ou si cela n'est pas. »

Abraham s'approchant de Dieu, lui dit :

« Perdrez-vous, Seigneur, le juste avec l'impie? S'il y a cinquante justes dans cette ville, périront-ils avec les autres, et ne pardonnerez-vous pas plutôt à la ville à cause des cinquante justes? Non, Seigneur, vous ne confondrez pas les bons avec les méchants; cette conduite ne vous convient en aucune sorte. »

Dieu lui répondit :

« Si je trouve cinquante justes dans Sodome, je pardonnerai à cause d'eux à toute la ville. »

Abraham lui dit ensuite :

« Je parlerai encore à mon Seigneur, quoique je

ne sois que cendre et que poussière. S'il s'en fallait de cinq qu'il n'y eût cinquante justes, perdriez-vous toute la ville?

— Je ne perdrai point la ville, si j'y trouve quarante-cinq justes.

— Mais s'il n'y en a que quarante, que ferez-vous?

— Je ne perdrai point la ville, si j'y en trouve quarante.

— Je vous prie, Seigneur, de ne pas trouver mauvais que je parle encore. Si vous y trouvez trente justes, que ferez-vous?

— Si j'y en trouve trente, je ne la perdrai point.

— Puisque j'ai commencé, je parlerai encore. Et si vous en trouviez vingt?

— Je ne la perdrai pas non plus, s'il y en a vingt.

— Seigneur, ne vous fâchez pas, je vous supplie, si je vous parle encore une fois, ce sera la dernière. Si vous trouviez dix justes dans Sodome?

— Si je trouve dix justes dans Sodome, Sodome ne périra pas. »

Et le Seigneur aussitôt disparut, et Abraham s'en retourna dans sa maison.

J'essayai donc, mes amis, de parler à Dieu comme Abraham, avec cette simplicité qui n'ôte rien au respect et à l'adoration, et qui lui prouve notre entière confiance, et je lui dis:

« Que dois-je penser de vous, ô mon Dieu? Je vous croyais obligé à quelque chose, à beaucoup même envers Révol, à cause de moi; j'espérais jusqu'à la fin que par l'aide de votre Providence il aurait pu se cacher, se dérober aux justes pour-

suites de la justice des hommes, ou que, tombé
dans leurs mains, j'aurais pu, toujours avec votre
aide, obtenir pour lui indulgence et pardon; et
voilà qu'il disparaît, et qu'en disparaissant le bienfaiteur ne laisse plus à l'obligé que le regret de ne
pouvoir reconnaître le bienfait. Et vous, ô mon
Dieu, que je croyais engagé plus que moi, que
dois-je penser? Je sais que vous êtes bon, juste et
parfait; mais aidez-moi à tout concilier, et faites-
moi comprendre. »

Et je restai là debout devant mon prie-Dieu,
en face des deux lettres que je semblais lui montrer
comme pièces de conviction, et ayant l'air de lui
dire :

« J'attends la réponse. »

La réponse ne se fit pas attendre.

« Pauvre enfant, me dit Dieu, toi qui expliques
si bien aux autres les secrets les plus cachés de
ma Providence, qui leur fais si bien comprendre
les plus profonds mystères qui se dérobent à la
claire vue des mortels, qui vas chercher souvent
dans les profondeurs de l'intelligence des vérités
que tu leur montres sur la main, comme ces pierres
précieuses que le plongeur va retirer des abîmes
de l'Océan, c'est toi qui ne sais que dire, que penser dans un fait isolé qui te touche de près, j'en
conviens, mais qui entre dans la généralité des
règles qui président par ma volonté au gouvernement du monde. Ici tu as commis une grande
erreur, tu t'es dévoyé parce que tu as un moment
abandonné le gouvernail, tu as oublié de regarder
l'aiguille aimantée de la boussole. Lis un moment
dans ton âme, rappelle tes souvenirs : tu t'es re-

connu obligé à la reconnaissance, et tu as eu gran-
dement raison ; tu as reconnu que ton libérateur
n'était que l'instrument de ma Providence, et tu
as eu raison encore ; tu m'as cru obligé envers lui,
et tu ne t'es pas trompé : un père n'est-il pas
toujours obligé envers ses enfants ? Mais écoute-
moi bien : tu as cru aussi, et c'est là qu'a commencé ton erreur, erreur si commune, si générale chez tous ceux qui désirent et qui deman-
dent, tu as cru que je devais, pour le récompenser,
faire ceci et cela, parce que c'était dans tes conve-
nances. Et moi j'ai voulu faire pour lui, pour ton
libérateur, pour ce bras droit de ma Providence,
j'ai voulu faire pour lui mille fois plus que tu ne
me demandais, qu'il ne m'aurait demandé lui-
même. Au lieu d'une triste existence dont il aurait
peut-être mésusé encore, je lui ai donné une existence qui n'aura plus de fin ni de vicissitudes. Au
lieu de le laisser dans une société perverse et cor-
rompue, je l'ai inscrit dans cette internationale qui
date du commencement du monde et dont le juste
Abel a eu le numéro 1. Au lieu de ce pain qu'il
n'aurait pu honnêtement gagner qu'à la sueur de
son front, il a sa place au banquet éternel où sont
assis tous les vainqueurs dans les combats de la
vie. Au lieu d'une cité où des passions insensées ne
laissent plus aux habitants un moment de paix et
de tranquillité, il est devenu citoyen libre et heureux d'un royaume où personne ne gouverne parce
que personne n'a besoin d'être gouverné, où tous
les droits et les devoirs se résument en ce seul
mot : Je suis heureux ! Eh bien, toi qui as toujours
été par ma grâce un homme de foi et de convic-

tion, ai-je bien payé ma dette de reconnaissance? ai-je fait assez pour moi, pour toi et pour lui? Des esprits aveugles ou faussés ne pourraient pas me comprendre ; mais toi tu m'auras compris. Réponds-moi maintenant. »

Oui, mes chers amis, pour ma consolation et mon bonheur, j'avais compris, et je ne pus que répondre : « Je vous rends grâces, ô mon Dieu! tout ce que vous faites est bien fait. »

*
* *

Peu de jours après, je me rendis à Vincennes, dans l'intention de voir M. l'aumônier du fort, et de m'édifier avec lui sur les circonstances qui avaient pu précéder, accompagner ou suivre la mort du capitaine. Il était absent et ne devait rentrer que dans l'après-midi. Cet heureux contre-temps me permit de causer avec des employés du château et de m'entretenir assez longuement avec plusieurs habitants de Vincennes. On aurait dit qu'ils s'étaient en quelque sorte donné le mot pour me parler avec le plus grand éloge de M. l'aumônier et pour me le faire connaître. J'appris donc que M. l'abbé Gillet de Kerveguen, revenu de Metz au mois de février, avait repris ses fonctions à la place de Vincennes, et que le 21 mars, lorsque les insurgés pénétrèrent dans le fort, il était resté bravement à son poste. Les gardes nationaux qui y tenaient garnison appartenaient généralement aux quartiers les plus agités de la capitale, et plus d'une fois, dans les commencements du moins, des hommes exaltés lui firent des menaces de mort ; mais bientôt, par son attitude, son sang-froid, son courage, il sut leur imposer le respect, l'admiration, et obtenir même leur confiance. Aussi le laissait-on circuler librement dans le fort, revêtu de l'habit ecclésiastique qu'il ne quitta jamais, et il put dire tous les jours la messe, la faisant même sonner comme d'habitude. Dans les derniers jours, son courage et son dévouement ne firent que grandir avec le danger, et il fit des efforts inouïs pour arriver à l'apaisement des esprits. Aussi les habitants de Vincennes, qui n'ignoraient pas les préparatifs faits avec une infernale persévérance pour faire sauter le fort, sont persuadés que si le château et la ville ont été préservés d'une ruine complète, c'est à l'aumônier qu'ils le doivent. Les fédérés, du reste, avaient en lui une telle confiance qu'ils le chargèrent d'aller traiter avec les Prussiens pour leur livrer le fort. Bien entendu, l'aumônier refusa d'accepter cette mission si peu patriotique; mais quelques jours après, choisi de nouveau pour leur servir de parlementaire, il accepta de grand cœur d'aller faire des propositions au général Vinoy. La garnison ne demandait pas mieux que de se rendre; mais les chefs ne voulaient céder qu'au prix de leur liberté immédiate, que le général ne voulait pas leur accorder; et ils menaçaient, en cas de refus, de faire sauter le fort et de détruire la ville. Douze mille kilogrammes de poudre étaient disposés à cet effet sous les huit tours du fort, et les fils électriques préparés. Heureusement les cinq ou six cents fédérés qui formaient alors la garnison se révoltèrent contre leurs chefs, les désarmèrent, les retinrent prisonniers, et se rendirent à discrétion. Ce fut alors, c'est-à-dire le lundi 29 mai, à deux heures de l'après-midi, que le 90e de ligne prit possession du fort, et la garnison désarmée fut conduite à Versailles. On ne retint à Vincennes qu'un certain nombre de chefs communeux parmi lesquels se trouvait le capitaine Révol.

*
* *

J'étais en train de causer ainsi avec un bourgeois de Vincennes, ou plutôt d'écouter ce qu'il me disait, tout en nous promenant le long des glacis, lorsque j'aperçus M. l'aumônier qui rentrait au château. Je m'empressai de le suivre, et, après l'avoir atteint et salué, je me fis connaître et je lui exposai le motif de ma visite. Il m'accueillit avec empressement, et voulut bien me faire monter dans le logement qu'il occupe au pavillon des officiers. Après quelques causeries préliminaires sur les derniers événements, et en particulier sur ce qui nous regardait personnellement, « quant à votre ami Révol, me dit-il, je me souviens parfaitement de lui, et je puis vous donner quelques détails qui du moins seront exacts et pourront, je pense, vous intéresser.

« C'est, je crois, le vendredi 26 mai que le capitaine Révol vint, avec plusieurs chefs de la Commune, se réfugier au château de Vincennes ; je ne pourrais vous dire quelle fut ici son attitude ; mais lorsque le général Vinoy entra dans le fort, Révol se trouvait renfermé dans le donjon. On sut qu'il avait participé à l'arrestation de Mgr l'archevêque, et qu'il avait pris part d'une manière active à tous les événements, et il fut traduit devant le conseil de guerre avec huit autres réfugiés dont j'ai conservé les noms, que voici :

« 1. Delorme, lieutenant-colonel d'état-major;

« 2. Bagration, prince russe, chef de légion;

« 3. Okolowich, capitaine, frère du général;

« 4. Révol, capitaine-adjudant de place;

« 5. Vaillant, commissaire de la Commune;

« 6. Viellet, commissaire de la Commune;

« 7. Lepêcheur, commissaire de la Commune;

« 8. Vandenbusche, commissaire de la Commune.

« 9. Un sergent du 18e bataillon de chasseurs à pied, chargé de la manipulation des poudres et de préparer les explosions, avec le commandant Merlet qui s'est brûlé la cervelle.

« Ce fut dans la nuit du 29 au 30, vers minuit, continua M. l'aumônier, qu'ils parurent tous les neuf devant le conseil de guerre. Ils furent tous condamnés à mort, et l'exécution fixée pour trois heures du matin. On les avertit en même temps que j'étais à la chapelle, et que ceux qui voudraient recourir à mon ministère étaient libres de venir m'y trouver. Ils y vinrent tous, les uns après les autres; ils se confessèrent, et quand l'heure de l'exécution fut venue, je les accompagnai trois par trois jusqu'au lieu du supplice, et je les assistai jusqu'au dernier moment. Le capitaine Révol me parla de vous avant sa mort, et il me remit la petite lettre que je vous ai envoyée, ainsi que ce crayon que je suis heureux de vous offrir. »

*
* *

Tel fut le récit de M. l'abbé de Kerveguen, et comme je le priais ensuite de vouloir bien m'indiquer l'endroit où avait eu lieu l'exécution, et le chemin que je devais prendre pour y aller, il eut l'extrême obligeance de m'y accompagner lui-même. Il me conduisit d'abord à la salle où s'était tenu le conseil de guerre et où le capitaine avait été condamné, à la chapelle où il s'était confessé, à la tour dite du *Diable*, par où il faut nécessairement passer, et je descendis avec lui l'escalier de pierre au bas duquel se trouve le fossé. Arrivé là, il me montra l'endroit où mon ami avait été fusillé, et un peu plus loin le coin de terre où il avait été inhumé avec ses huit compagnons de supplice, et nous récitâmes pour eux une courte prière ; le cœur parlait plutôt que les lèvres. Mais il faut nous retirer. « Adieu donc, mon capitaine, adieu ! ou plutôt au revoir ! Le gazon recouvrira bientôt cette tombe ; mais je reconnaîtrai toujours l'endroit où reposent tes restes mortels, et j'y viendrai fidèlement chaque année, au jour anniversaire de ta mort, pour l'arroser de quelques larmes et y déposer une prière. Quand on est mort comme toi en chrétien, quand on a eu comme toi le courage d'abjurer ses erreurs, de vaincre les préjugés, de fouler aux pieds le respect humain et l'orgueil ; quand on s'est frappé la poitrine et qu'on s'est humilié devant le prêtre du Christ, alors on n'est plus un impie, un pécheur ; on est un saint. Aussi, en mourant, tu nous a laissé, avec l'exemple d'une sincère, quoique bien tardive conversion, la douce

confiance que Dieu a déjà couronné ton repentir,
que les anges du ciel se sont réjouis et t'ont porté
sur leurs ailes, et qu'ouvrier de la dernière heure,
tu as reçu la même récompense que ces nobles
victimes dont tu as peut-être versé le sang, que ce
saint archevêque que tu as enlevé, le 4 avril, de
sa demeure épiscopale pour le conduire à ses bourreaux. »

Mes chers amis, en terminant ici l'histoire du
capitaine Révol que vous avez écoutée jusqu'à la
fin avec une attention si soutenue et si flatteuse,
permettez-moi de le recommander à vos pieux
souvenirs ; n'oubliez pas que c'est à lui que nous
devons, moi l'honneur de vous parler, vous le
plaisir de m'entendre, et que sans lui, selon toute
vraisemblance, vous auriez déjà jeté de l'eau bé-
nite sur mon cercueil.

Pour moi, je ne sais si j'ai encore assez fait pour
mériter le ciel ; mais ce que je sais bien, c'est que
si Dieu, comme j'ose l'espérer de son infinie bonté,
me fait un jour la grâce de me compter au nombre
des élus, après m'être humilié devant la majesté
suprême, mon premier soin sera de m'écrier :
« Mon Dieu, dites-moi donc, dites-moi tout de
suite où est mon capitaine Révol ; que je le voie,
que je l'embrasse, que je le remercie ! »

Fin du Récit.

L'orateur descend de la tribune au milieu des applaudissements prolongés de son auditoire; et à la fin de la séance, comme on le presse de faire imprimer son récit, il répond à tous par ce conseil du poëte :

Ne forçons pas notre talent...

« J'ai peut-être le don de raconter, dit-il, et je puis plaire à des auditeurs indulgents; mais je suis forcé d'avouer que je ne sais pas écrire. »

M. l'abbé Crétineau-Joly, présent à cette séance, n'admettait pas cet acte d'humilité, et il était un de ceux qui insistaient le plus auprès de M. l'abbé Crozes pour l'impression du récit. Il lui porta même ce défi :

« Si vous ne voulez pas le publier, j'ai bonne mémoire, et je trouverai moyen de le publier moi-même, non pas mot à mot peut-être, mais assez exactement pour intéresser les lecteurs. »

L'abbé Crozes le prit au mot, et accepta le défi, donnant carte blanche à son confrère, et s'estimant même très-heureux et très-flatté d'être interprété et traduit par la plume exercée de M. l'abbé Crétineau-Joly. Car ce jeune vicaire de Saint-Germain des Prés n'est pas seulement le fils de son père, mais il en a le talent; et aimable conteur comme M. l'abbé Crozes, il est en même temps un char-

5.

mant écrivain. Aussi le soupçonne-t-on fort d'avoir fourni dans le temps au journal *l'Univers* un intéressant abrégé de l'histoire du capitaine Révol.

Ce fut à l'occasion de cet article de *l'Univers* que nous insistâmes de nouveau et avec un plein succès auprès de M. l'abbé Crozes pour obtenir communication de son manuscrit, et son agrément pour le faire paraître dans la *Semaine religieuse de Paris*. Aussi, nous pouvons garantir la parfaite authenticité non moins que la parfaite exactitude des six articles que nous avons publiés dans les numéros 923, 924, 925, 926, 927 et 928, et que nous venons de reproduire dans ce volume.

SUPPLÉMENT A L'HISTOIRE DU CAPITAINE RÉVOL

A MES AUDITEURS DE LA RUE D'ASSAS.

Aimables auditeurs qui les premiers avez entendu le récit de mon histoire, c'est à vous et à vos encouragements que j'ai dû le peu de verve et d'esprit qui l'a rendue, dit-on, assez intéressante. On vous avait sans doute prévenus que par une étrange bizarrerie de mon esprit, quand l'auditoire ne m'applaudit pas dès le début, ma langue reste muette, et c'est à peine si je puis bégayer quelques mots. Si au contraire on m'applaudit, aussitôt ma langue se délie, et je pourrais facilement intéresser l'auditoire pendant des heures entières. Vous aviez tous parfaitement compris cet avis charitable : aussi, quand M. le curé m'a donné la parole, quand vous m'avez vu debout devant vous, le sourire et l'embarras sur mes lèvres silencieuses, attendant une inspiration, une idée, un mot, vous m'avez accueilli par un tonnerre d'applaudissements, et aussitôt ma langue s'est trouvée déliée ; votre esprit, votre jeune imagination se sont communiqués à moi comme l'étincelle électrique, et je suis devenu éloquent sans m'en douter, uniquement par la grâce de Dieu et de mes bénévoles auditeurs. Si donc le nom du capitaine Révol a eu un peu de retentissement dans le monde, si son histoire doit être lue de beaucoup et faire un peu de bien, c'est à vous, mes amis, qu'en revient tout l'honneur.

Mais je tiens surtout à vous dire tout le bonheur que j'ai goûté au milieu de vous, dans cette belle soirée du 30 juillet. J'étais saisi d'admiration et touché jusqu'aux larmes, en entendant le procès-verbal de votre secrétaire bien-aimé ; en apprenant que pendant le siége de Paris, fidèles à Dieu et à la patrie, après avoir rempli votre devoir de citoyens, vous vous empressiez de venir à vos réunions du dimanche pour y remplir le devoir du chrétien, et que jusque sous le règne de la commune vous chantiez ici les cantiques de Sion, à côté et presque au milieu de ceux qui ne faisaient entendre que les chants de la haine et de l'impiété. Qu'elles sont donc belles, mes amis ! comme elles consolent des tristesses du présent et sont un gage d'espérance pour l'avenir, ces réunions plébéiennes, ces assemblées vraiment fraternelles, au but moral, religieux et philanthropique, où des orateurs d'élite s'appliquent, dans leurs discours, à préconiser les vertus civiques, à vous donner les exemples de la morale la plus pure, les leçons de la sagesse la mieux éclairée; à flétrir le vice, à honorer la vertu, à pratiquer la fraternité de l'Évangile, à verser dans les cœurs le baume consolateur de la parole de vie, et à faire germer dans vos intelligences les plus nobles comme les plus généreuses passions! Honneur à ceux qui se dévouent à des œuvres si éminemment populaires! Votre société, mes chers amis, est une des plus florissantes, des plus nombreuses, des mieux organisées de Paris; honneur à vous, mes bons jeunes gens de la rue d'Assas ! recevez de nouveau mes meilleurs remercîments.

MES TRIBULATIONS D'AUTEUR

Je ne sais, cher lecteur, si vous avez trouvé autant de plaisir à me lire que mes auditeurs à m'entendre. Mais permettez-moi de le supposer ; votre idulgence me dédommagera non-seulement de tout ce que m'a coûté de veilles et de fatigues cette heure d'agréable distraction que je vous ai peut-être procurée, mais encore des tribulations auxquelles je ne m'attendais pas, et qui sont comme le baptême de l'auteur qui débute. Je vous confierai donc, cher lecteur, que depuis le jour où le premier article de l'histoire du capitaine Révol a paru dans la *Semaine religieuse*, et surtout depuis que l'éditeur a annoncé la présente brochure, j'ai reçu tous les jours, à cette occasion, un grand nombre de visites dont j'ai été d'abord très-flatté. Mais toute médaille à son revers : les visiteurs, d'ailleurs très-bienveillants, ne venaient pas seulement pour me faire l'éloge de mon travail mais encore pour me donner des conseils ; et comme leurs critiques et leurs observations me paraissaient généralement justes et raisonnables, je me promettais bien d'en profiter. Pour cela, je marquais à l'encre rouge, avec une courte annotation, tous les passages incriminés. Mais, hélas ! quand le moment est venu de revoir l'ensemble de mon manuscrit et de le corriger, je me suis aperçu que depuis la première page jusqu'à la dernière, tout était marqué à l'encre rouge ; qu'il me fallait supprimer le commencement, le milieu et la fin ; pas un détail, pas une phrase, pas un mot qui n'eussent été l'objet de la critique ; c'était tout à recommencer. Alors, je

l'avoue, le courage m'a manqué, je n'ai plus tenu
aucun compte même des observations les plus
sages; il y a eu chez moi une sorte de réaction, de
révolte morale et un vrai découragement; je n'ai
voulu rien changer, rien corriger, rien ajouter, rien
retrancher; et je me suis écrié : « Tant pis, mon
siége est fait! » Mais vous, cher lecteur, direz-vous
de moi, comme du meunier de la fable : » Il le
fit, et fit bien? » J'attendrai votre réponse.

Et en attendant, permettez-moi sur le même
sujet, un petit détail qui aura, je crois, son intérêt.
Il s'agit de toute autre chose que d'une faute d'or-
tographe, d'une phrase peu correcte ou d'un mot
impropre. Une dame fort instruite, peu chrétienne
peut-être, mais ennemie jurée de la commune,
vint un jour me trouver :

« Monsieur l'abbé, me dit-elle, je viens de lire
les derniers articles de votre histoire; ils sont
aussi intéressants que les premiers; il y a cependant quelque chose que je ne puis vous pardonner,
c'est d'avoir mis au ciel votre capitaine Révol. Je
vous assure que vous auriez beaucoup mieux fait
de le damner et de le mettre dans l'enfer, ça
aurait fait plaisir à bien du monde. »

Je ne revenais pas de l'étrange naïveté avec
laquelle elle me disait ces choses, et je gémissais
de l'ignorance de tant de personnes qui se font
les idées les plus fausses de notre sainte religion.

« Madame, lui dis-je, sachez bien que les prêtres
ne damnent personne ; on se damne soi-même,
sans eux et malgré eux; ils ferment au contraire

les portes de l'enfer et ouvrent les portes du ciel à tous ceux qui se reconnaissent avant la mort. Ils se contentent de proclamer à haute voix cette parole solennelle : « Celui qui croira « sera sauvé; celui qui ne croira pas sera condamné »; de dire aux plus grands criminels, au pied de l'échafaud : » Aujourd'hui, « vous serez avec moi dans le paradis », et de leur délivrer, en échange de leur repentir, ce laisser-passer que les sentinelles du ciel connaissent bien. Dieu seul, madame, peut apprécier la mesure du temps qu'il faut au pécheur pour se convertir; il ne faut qu'un instant à la foudre pour nous tuer, un instant à la grâce pour nous sauver. »

Et je lui citai une légende qu'aimait à me raconter un ami bien regretté, M. l'abbé Bour, ancien secrétaire de l'archevêché sous les quatre derniers archevêques de Paris. Il était convenu entre deux amis que le premier qui mourrait viendrait donner à l'autre de ses nouvelles. Un jour donc, le plus jeune des deux, ayant des chagrins de cœur, se livra au désespoir et, passant sur un pont, se jeta à l'eau. Le lendemain, fidèle à sa promesse, il se montre à son ami; il lui raconte ses chagrins, son désespoir et sa mort : « Mais tranquillise-toi, je suis au ciel, *il y a loin du pont à l'eau!* » Ces derniers mots disaient à son ami interdit qu'entre le pont et l'eau il avait eu le temps de se repentir : « Ainsi madame, laissons mon capitaine au ciel, ce n'est pas moi qui l'y ai mis; il s'y est bien mis lui-même. Tâchons de nous y mettre à notre tour. Chacun pour soi dans cette affaire. »

LETTRES AU CAPITAINE RÉVOL

EN L'AUTRE MONDE.

PREMIÈRE LETTRE

Mon cher libérateur,

Si le lieu où repose votre dépouille mortelle m'était plus facilement accessible, si la sentinelle du château pouvait à son gré me laisser pénétrer jusqu'à vous, j'aimerais à environner de soins pieux cette tombe isolée, à y porter souvent, autour de la croix de bois, des couronnes et des bouquets. Je l'aurais déjà encadrée d'un buis toujours vert, j'y aurais planté le cyprès funèbre, le saule qui pleure toujours, le laurier qui va aussi bien sur la tombe des morts vainqueurs du monde et des passions que sur la tête du vainqueur des nations. J'y déposerais, suivant les temps et les saisons, toutes les fleurs que la douleur des vivants aime à déposer sur les tombes qui leur sont chères. Je n'oublierais ni la royale marguerite, ni les tristes soucis; ni l'humble violette, ni la bruyère des bois; ni la blanche chrysanthème, ni le géranium à la feuille parfumée; ni l'immortelle dont le nom seul est une profession de foi, ni le sensible et intelligent myosotis, qui comprend la douleur et verse pour nous des larmes; ni surtout la pensée, qui aime d'autant plus à orner la tombe des croyants qu'elle a été choisie pour emblème par ceux qui ne

croient pas, et qu'elle reçoit trop souvent l'humi-
liant affront d'être offerte par ceux qui pensent
mal à ceux, disent-ils, qui ne pensent plus.

Mais puisque cette consolation ne peut m'être
accordée, permettez-moi, mon cher libérateur, d'y
faire déposer de temps en temps, par mon ange
gardien, en guise de bouquets, de fleurs et de
couronnes, tantôt une simple carte avec un mot du
cœur, tantôt un billet avec un souvenir et quelques
lignes d'amitié, tantôt, sous forme de lettre, une
conversation familière, pour vous raconter plus ou
moins longuement les choses de la terre. Que je
serais heureux si vous pouviez à votre tour me
dire les choses du ciel !

DEUXIÈME LETTRE

Je tiens aujourd'hui et tout d'abord, mon cher
capitaine, à vous dire pourquoi, en chantant vos
bienfaits, j'ai mêlé a votre histoire le souvenir de
vos erreurs. Je l'ai fait parce qu'aux yeux de Dieu
et de la religion, les fautes, quand elles sont noblement réparées, deviennent d'heureuses fautes et
forment autour de nos fronts une auréole de gloire.
Que serait David, si les échos de sa harpe inspirée
ne nous eussent redit sa faute et son repentir ? Que
serait saint Paul, s'il n'eût été d'abord comme vous
un persécuteur du Christ et de son Église, s'il
n'eût comme vous emprisonné les saints et lapidé
le premier des martyrs ? Que serait sainte Madeleine, si on ne connaissait la pécheresse de Mag-
dalon ? Que serait le saint et illustre évêque

d'Hippone, sans les égarements du jeune Augustin ? Mais aujourd'hui je n'ai rien à vous apprendre à ce sujet ; vous voyez dans toute leur splendeur ces consolantes vérités que nous ne faisons ici-bas qu'entrevoir ; et non-seulement vous me pardonnez de publier vos erreurs, mais si saint Augustin voulait vous prêter sa plume, vous enverriez comme lui, à vos frères égarés, le livre de vos confessions, et vous leur rediriez les miséricordes du Seigneur.

*
* *

Et ceci me rappelle une parabole dont vous avez peut-être déjà rencontré dans le ciel le héros glorifié ; la parabole du mauvais riche et de Lazare, que devraient souvent méditer les riches du monde et les indifférents du siècle :

« Il y avait un homme riche qui s'habillait de pourpre et de lin, et qui faisait tous les jours de magnifiques repas. Il y avait aussi un pauvre nommé Lazare, étendu à sa porte et tout couvert d'ulcères, lequel aurait bien voulu se rassasier des miettes qui tombaient de la table du riche ; mais personne ne lui en donnait ; seulement les chiens venaient et léchaient ses ulcères. Ce pauvre vint à mourir, et les anges le portèrent dans le sein d'Abraham. Le riche mourut aussi et fut enseveli dans l'enfer. Levant les yeux au milieu des tourments, il vit de loin Abraham et Lazare dans son sein et s'écria :

« Père Abraham, ayez pitié de moi et envoyez Lazare afin qu'il trempe dans l'eau le bout de son doigt pour me rafraîchir la langue, car je souffre cruellement dans ces flammes.

— Mon fils, lui dit Abraham, souvenez-vous que pendant votre vie vous avez été comblé de biens, et que Lazare, au contraire, n'a eu que des maux; maintenant il est dans la joie, et vous vous souffrez. Et d'ailleurs il y a entre vous et nous un vaste abîme; en sorte que ceux qui voudraient aller d'ici vers vous ou venir de là ici, ne le peuvent pas.

— Père, répondit le riche, je vous supplie donc de l'envoyer dans la maison de mon père, où j'ai encore cinq frères, afin qu'il les avertisse, de peur qu'ils ne viennent aussi eux-mêmes dans ce lieu de tourments. »

Abraham lui dit :

« Ils ont Moïse et les prophètes : qu'ils les écoutent.

— Non, dit-il, père Abraham; mais si quelqu'un des morts allaient vers eux, ils feraient pénitence. »

— Il lui répondit :

« S'ils n'écoutent ni Moïse ni les prophètes, quand quelqu'un des morts ressusciterait, ils ne croiront pas davantage. »

Malgré cette réponse, mon cher capitaine, je me figure qu'au pied de son trône éternel vous avez adressé à Dieu à peu près la même prière que le mauvais riche adressait à Abraham : « O mon Dieu, ô mon père, lui avez-vous dit, envoyez-moi dans cette grande Babylone d'où vous m'avez retiré, à ces frères égarés qui sont aussi bien que moi vos enfants. Je leur dirai d'abandonner bien vite la

voie large qu'ils suivent et qui les mène à la perdition. Je leur dirai de renoncer à toutes ces erreurs que je partageais avec eux, il n'y a pas longtemps encore, et que votre infinie bonté a bien
voulu me pardonner. Je leur ferai comprendre que
nous n'avons été créés que pour vous connaître,
vous aimer, vous servir, et par là obtenir la vie
éternelle ; que leur grand malheur, c'est d'avoir
oublié qu'ils étaient chrétiens, et qu'ils n'auraient
pas dû cesser de l'être. Je leur expliquerai comment, au grand flambeau de l'éternelle vérité, tous
les enseignemēnts d'une philosophie impie ne paraissent plus que de grossiers mensonges. Je leur
dirai que loin de leur interdire l'usage de leur
raison, vous ne les punirez un jour que pour n'a-
voir pas voulu s'en servir. Je leur dirai la honte, le
désespoir et les tourments de ces écrivains impies
et corrompus qui les ont pervertis et qui ont déjà
paru devant votre redoutable tribunal. Ils se re-
pentent aujourd'hui, mais trop tard, et ils se frap-
peront éternellement la poitrine dans de cruels et
inutiles regrets. Je leur dirai enfin qu'en revenant
à vous ils seront reçus avec amour dans votre
cœur de père ; qu'ils ne sont pas plus méchants que
moi, ou plutôt que j'ai été aussi impie, aussi
méchant qu'eux ; mais que c'est d'eux comme de
moi que le Christ mourant vous a dit : « Père, par-
donnez-leur, car ils ne savent pas ce qu'ils font. »

Telle est, ce me semble, mon capitaine, la
prière que vous avez déjà adressée à Dieu ; mais je
crains bien que Dieu ne vous ait répondu comme
Abraham au mauvais riche : « Ils ont l'Évangile,
ils ont l'Église, et s'ils ne les écoutent pas, quand

je t'enverrais à eux, ils ne croiraient pas davantage. »

Mais si vous ne pouvez pas venir à eux, vous vous souviendrez d'eux dans vos prières, et moi, m'unissant à vous, je tendrai une main amie, non-seulement aux faibles et aux égarés, mais encore aux plus coupables, car la charité du Christ ne permet pas qu'on les repousse.

TROISIÈME LETTRE

Qu'on est donc heureux, mon cher capitaine, de croire à une vie future, à l'immortalité de l'âme, aux communications que la terre peut avoir avec le ciel ! Ainsi quel bonheur, quelle consolation pour moi de penser que je puis vous parler et que vous pouvez m'entendre ! que je puis vous dire ma reconnaissance et que ma voix arrive jusqu'à vous ! Ah ! s'il ne restait plus de vous, comme le disent des insensés, qu'un peu de cendre et de poussière, à qui donc pourrais-je payer la dette de mon cœur ? A-t-on jamais remercié les êtres qui n'ont ni esprit ni vie, le pain qui nous nourrit, la lampe qui nous éclaire, le feu qui nous réchauffe ? Non, non ; on ne remercie que celui qui nous les donne ; et si les païens offraient des sacrifices de reconnaissance à la terre qui leur donnait ses fruits, au soleil qui leur donnait sa chaleur et sa lumière, aux sources et aux fleuves pour leurs eaux bienfaisantes, aux forêts pour leur ombre, c'est qu'ils les regardaient comme des divinités intelligentes ; c'était pour eux Apollon, ou Neptune, ou Cérès, ou une nymphe

bienfaisante. Aussi, quand ces aveugles dont je
vous parlais tout à l'heure conduisent à la tombe
un être qui leur était cher pendant sa vie, ne sup-
posent-ils pas, par une heureuse contradiction,
que cette flamme divine qu'on appelle l'esprit, que
cette âme d'une épouse, d'un père, d'un fils, vit
encore, qu'ils nous voient, qu'ils nous entendent,
et que dans une douce et consolante espérance on
peut encore leur dire : Au revoir. Plus d'une fois
j'ai vu, j'ai entendu au Père-Lachaise des orateurs
de la libre pensée prêcher l'athéisme, la matière
et le néant, et je me disais, en les regardant et en
les écoutant : « Ils parlent mal, mais je suis sûr
qu'ils pensent bien. »

*
* *

Mais si ma raison et mon cœur, d'accord avec
ma religion, me disent que vous vivez encore et
que vous m'entendez, cette raison curieuse qui aime
à tout approfondir, à s'expliquer toutes choses et
à faire tous les jours de nouvelles découvertes dans
les sphères surnaturelles comme dans le domaine
de la nature, cette raison n'est pas entièrement
satisfaite. Elle voudrait savoir encore de quelle
manière nos sentiments, nos idées, nos paroles,
traversant les espaces infinis, arrivent jusqu'à
vous, jusqu'aux régions célestes que vous habitez,
et par de là peut-être l'immensité des mondes connus ou inconnus au milieu desquels notre pauvre
planète n'est relativement qu'un grain de sable,
une goutte d'eau, un atome.

Et la théologie, et la philosophie sa sœur ou sa
mère, me donnent bien diverses explications plus

ou moins plausibles ; mais il en est une qu'elles
n'ont pas donnée encore et qui a toutes mes pré-
férences, peut-être d'abord parce qu'elle est de
moi, et puis parce qu'elle a pour mon imagination
le double charme de la nouveauté et d'un progrès
scientifique appliqué à la religion. Je suppose
donc, dans mon système, qu'il y a entre le ciel et
la terre, entre nous et vous, une télégraphie céleste qui transmet là-haut, infiniment au-dessus
de nous, et avec la rapidité de la pensée, tous les
télégrammes que les exilés de la terre envoient aux
habitants de la céleste patrie. Je suppose de plus
que ces télégrammes sont reçus là-haut dans des ap-
pareils photographiques d'une telle perfection, et
si bien servis par des anges, qu'ils vous transmet-
tent sans erreur possible non-seulement la dé-
pêche, mais le portrait de celui qui l'envoie, la
topographie du lieu où il se trouve, et toutes les
circonstances qui peuvent révéler aux habitants
du ciel tout ce qu'il y a de confiance, de reconnaissance et d'amour dans le cœur des enfants de
la terre. Ainsi, mon cher Révol, c'est demain le
8 décembre, c'est la fête de l'Immaculée Conception.
Si les anges font bien leur service, vous me verrez
le soir à Notre-Dame des Victoires, au milieu d'une
multitude recueillie de pieux fidèles, déposant pour
vous aux pieds de Marie un souvenir de reconnaissance ; vous verrez son sanctuaire resplendissant
de lumières, son image étincelante de pierreries,
son autel environné de fleurs, et peut-être même
vous entendrez les voix virginales qui béniront le
nom de Marie et qui chanteront ses louanges.

Mais il est minuit, et je vous laisse pour prendre

un repos dont vous n'avez pas besoin dans le ciel. Je ne prends que le temps d'aller à mon prie-Dieu pour saluer le 8 décembre qui commence, et pour allumer le petit cierge de deux sous qui continuera ma prière devant l'image de Marie.

QUATRIÈME LETTRE

Mon cher capitaine, si le système que je vous exposais dans ma dernière lettre est vrai, les anges chargés du service de cette télégraphie photographique ont dû être bien occupés pour moi pendant les deux mois de ma captivité! Car, mon cher ami, vous n'êtes pas le seul qui ayez pensé à moi, vous n'êtes pas le seul auquel je doive de la reconnaissance. Vous avez été, j'en conviens, l'instrument visible et l'agent principal de la Providence; mais tandis que vous me protégiez auprès des tyrans de la terre, combien d'autres me protégeaient auprès du père qui est dans les cieux, auprès de la douce et compatissante mère du Rédempteur, auprès de tous les amis et protecteurs que nous pouvons avoir dans la cour du roi des rois! Quoique leur aide et leur concours aient été moins sensibles que les vôtres, pourrais-je oublier ce nombre presque infini de personnes connues ou inconnues qui se sont préoccupées de mon sort et qui, à l'exemple des chrétiens de Jérusalem priant pour les apôtres emprisonnés par la synagogue, ont adressé au ciel de ferventes prières pour le plus humble otage de la Commune? Si je pouvais,

comme vous, consulter les albums de Marie, de
saint Joseph, de tous les saints et saintes du paradis, j'y trouverais, j'en suis sûr, une infinité de
télégrammes bien touchants pour mon cœur. J'y
trouverais les vôtres, frères et sœurs bien-aimés,
nièces et neveux si dévoués, nombreux parents,
amis de tous les âges et de tous les pays. J'y trouverais aussi les vôtres, bons ouvriers de Saint-
François Xavier! vous n'avez pas oublié votre
fondateur et ami. Et vous, aujourd'hui pères et
mères de famille, que jadis, enfants encore, je
conduisis pour la première fois à la table sainte,
vous avez pensé au captif de Mazas. Vous aussi,
prisonniers reconnaissants, et vous, pécheurs que
j'ai ramenés à Dieu dans le cours de mon ministère; vous encore, bons frères des Écoles chrétiennes, religieux de tous les ordres, saintes religieuses de tous les pays, je le sais, vous avez prié
pour le pauvre captif, vos télégrammes sont tous
dans les albums du paradis. Je ne chercherai pas
les vôtres, chers et vénérés confrères dans le sacerdoce; je n'ai pas besoin de les voir pour savoir
qu'ils y sont. Je crois même que plusieurs d'entre
vous, se souvenant de moi au *memento* des morts,
m'ont adressé un télégramme au purgatoire, avec
un « faire suivre, s'il est au ciel » ; on a dû vous le
renvoyer avec le mot « inconnu ». Je souhaite,
moi, n'avoir jamais à me souvenir de vous qu'au
memento des vivants *.

* Pièces justificatives E.

6

CINQUIÈME LETTRE

Que je vous raconte aujourd'hui, mon cher
ami, ce que j'ai écrit dans le journal de ma captivité, à la date du 19 mai, trois jours avant votre
liberté, huit jours avant la mienne. Le commissionnaire de Mazas vint dans l'après-midi m'apporter, avec d'abondantes provisions, un bonjour
dont mon cœur fut bien touché. C'était le bonjour
de trois dames bien imprudentes peut-être, mais
par cela même bien dévouées et bien courageuses.
dans ces jours où la situation devenait si critique
et si tendue pour les otages et pour ceux qui s'in-
téressaient à leur sort, Malgré l'éloignement et
tous les dangers de la route, à pied et à travers les
barricades, elles n'avaient pas craint de venir jusqu'à Mazas et de franchir le seuil de cette maison
inhospitalière. Un moment je tremblai pour elles;
mais je fus bientôt rassuré en pensant qu'elles
avaient avec elles l'ange protecteur de leur foyer,
cette enfant si pleine de distinction et de piété, que
j'ai baptisée, je crois, il y aura bientôt vingt ans, et
à qui sans doute je ne ménageai pas le sel. Je suis
bien sûr qu'elle fut leur palladium à travers les
périls sans nombre que leur cachait leur amitié
pour le reclus de Mazas.

Mais ce qui me toucha bien plus encore, ce fut
d'apprendre la pieuse pensée qu'elles avaient eue
de me vouer à saint Joseph. Elles savaient depuis
longtemps que j'avais pour ce saint une grande
dévotion qu'elles partageaient avec moi, et elle;

avaient en lui une telle confiance que ma délivrance leur semblait assurée. Déjà leurs plans étaient faits, le marbre choisi, la légende toute préparée, le graveur n'attendait pour ainsi dire que la date précise pour se mettre à l'ouvrage, et on avait aussi choisi l'église où le précieux *ex-voto* devait être placé.

Je n'ai pas besoin de vous dire, mon cher capitaine, que leurs prières furent bientôt exaucées ; car déjà le 22 vous m'empêchiez d'être transféré à la Roquette, et peu de jours plus tard, libre pèlerin, j'allais à l'église de ......, et là, agenouillé devant l'image de saint Joseph et au pied de son autel, je lisais sur un marbre placé à côté de sa statue :

RECONNAISSANCE

A SAINT JOSEPH

DÉLIVRANCE D'UN OTAGE

25 MAI 1871

et puis, profondément recueilli et les larmes aux yeux, je remerciais ce puissant protecteur et je le priais à mon tour pour celles qui l'avaient si bien prié pour moi.

Vous voyez, mon cher capitaine, que vous n'êtes pas mon seul libérateur, et que saint Joseph a bien quelques droits aussi à ma reconnaissance. Je le soupçonne même, le charpentier de Nazareth, de vous avoir depuis longtemps choisi et comme prédestiné pour ma délivrance. Aussi je vous engage à aller le trouver, à vous présenter à lui en votre qualité de compagnon charpentier. Je suis bien certain qu'il vous reconnaîtra de suite, qu'il vous traitera en ami et en frère, et qu'il sera le premier à vous parler de moi et de l'*ex-voto* dont j'ai été l'objet. Probablement aussi vous dira-t-il toutes les prières que je lui adressai à Mazas et surtout après ma délivrance, pour vous obtenir la grâce d'une mort vraiment chrétienne. Il m'a écouté, le saint patron de la bonne mort, et n'est-ce pas lui, mon cher Révol, tandis que tant d'autres tombaient subitement frappés dans l'acte même de leur révolte contre Dieu et contre la société, n'est-ce pas lui qui vous a éloigné au dernier moment du théâtre de cette lutte fratricide, qui vous a conduit comme par la main hors de la cité rebelle, et jusqu'au célèbre donjon qui vous a servi de refuge? N'est-ce pas lui qui vous y a donné ces quelques jours de repos où vous avez pu réfléchir sur le néant et les vicissitudes des choses humaines? N'est-ce pas lui qui vous a donné avant de mourir ces quelques heures avec lesquelles on achète l'éternité? N'est-ce pas à lui enfin que vous avez dû le bonheur de rencontrer ce vénérable aumônier qui vous a assisté au moment suprême? Ah! dites bien à saint Joseph que si je le remercie de ma délivrance, je le remercie mille fois plus encore de votre conversion et de votre salut.

UNE RÉPARATION

C'était le 10 avril. Il y avait à peine quatre
jours que j'étais à Mazas lorsque, le matin, après
m'être réveillé et avoir donné ma première pensée
à Dieu, l'instinct de ma liberté me rappela un
souvenir déjà ancien que je croyais bien effacé
de ma mémoire et qui brilla subitement à mes
yeux comme l'étoile du matin, comme un rayon
d'espérance. Je me rappelai donc un article de
journal écrit dans le temps par M. le comte de
Rochefort, et dans lequel il était question de moi.
M'emparant aussitôt de cette idée, comme le nau-
fragé se saisit de la planche qui peut le sauver,
j'écrivis à M. de Rochefort la lettre suivante :

« Mazas, le 10 avril 1871.

« Monsieur le comte,

« Il y a quelques années, dans un article envoyé
par vous de Bruxelles à je ne sais quel journal de
Paris, vous proposiez à l'empereur, sérieusement
ou par plaisanterie, un ministère de votre choix.
J'ai oublié les noms des autres candidats, mais je
me souviens très-bien que vous désigniez Mgr Du-
panloup pour l'instruction publique et les cultes,
M. L. Veuillot pour l'intérieur, et le *respectable
aumônier de la Roquette* (c'étaient vos expressions) pour la justice.

« C'est ce même aumônier qui, s'autorisant de

6.

ce souvenir, a l'honneur aujourd'hui de vous écrire pour solliciter votre protection auprès de ces messieurs de la Commune. Arrêté comme otage le 4 de ce mois, et détenu en cette qualité à Mazas, il vient vous demander, non plus les sceaux de l'empire ou de la république, mais tout simplement la clef des champs, s'il dépend de vous de la lui donner.

« Plein de confiance dans le bienveillant accueil que vous ferez à ma demande, je vous prie, monsieur le comte, de vouloir bien agréer, etc.

« L'abbé CROZES. »

Ma lettre partit le même jour, et je n'avais plus qu'à attendre. J'attendis donc, priant de temps en temps mon ange protecteur de me recommander à celui du comte de Rochefort; car il en a un tout aussi bien que moi, et qui sait lequel des deux anges a le moins à se plaindre de son protégé? Eux seuls pourraient nous le dire, ou bien sont-ils peut-être comme les pères et les mères, leur enfant est toujours le plus beau. Quoi qu'il en soit, j'attendis huit jours, et n'entendant parler de rien, je commençai à sourciller. J'attendis quinze jours, et ne recevant aucune nouvelle, je me dis avec un peu de mauvaise humeur : « Bah! je suis bien sûr qu'il n'aura pas fait attention seulement à ma lettre! » Cependant, attendons encore. J'attendis donc ainsi jusqu'à la fin d'avril, et toujours le même silence! Pas de réponse, pas le moindre signe de vie! Je me reprochai de lui avoir écrit, d'avoir mis en lui une certaine confiance, de l'avoir cru capable de s'intéresser à moi, et je crois même que je m'é-

criai : « Décidément, c'est un vilain homme. » Et
vous, cher lecteur, vous dites peut-être aussi :
« Décidément, *le bon aumônier* de la Roquette
n'est pas aussi bon, aussi patient, aussi résigné,
aussi charitable qu'on le dit » ; et en cela vous avez
parfaitement raison. Du reste, je n'attendis pas au
lendemain pour reconnaître mon tort et pour me
repentir. Dès le soir, en effet, faisant mon examen
de conscience, cette revue de l'âme tant recom-
mandée par Platon avant d'être prescrite par les
maîtres de la vie spirituelle, je me rappelai cette
parole de Jésus-Christ : « Ne jugez point, et vous ne
serez point jugé. » Et puis, ma raison faisant les
fonctions de commissaire accusateur, me dit :
« Comment as-tu pu juger ainsi ton frère, sans le
voir et sans l'entendre, sans témoin et sans défense ? Sais-tu seulement si ta lettre lui est parvenue ? Sais-tu s'il n'a pas fait en ta faveur des démarches qu'il a cru prudent de ne pas te faire connaître ? Sais-tu même s'il ne t'a pas écrit, quoique
la lettre ne te soit pas parvenue ? etc., etc. » Je compris la justice de ces reproches que me faisait ma
conscience, je la retournai du bon côté, et depuis
je restai convaincu que M. de Rochefort, s'il avait
reçu ma lettre, avait ensuite parfaitement fait son
devoir.

Du reste, s'il avait pu me rester encore quelques
doutes à ce sujet, une circonstance bien imprévue
devait entièrement les dissiper. J'étais déjà sorti
de Mazas et j'avais repris mes fonctions à la Roquette. J'y allais tous les jours visiter mes prisonniers et mes prisonnières fédérés, lorsqu'un matin
un gardien m'avertit, en entrant, que Mme X... était

arrivée de la veille avec sa femme de chambre, qu'elles étaient toutes les deux à la sixième section, et que Mme X... désirait me voir et me parler. Je me transporte aussitôt à la section indiquée, et à la cellule de ces dames dont un gardien m'ouvre la porte.

« C'est à M. l'abbé Crozes que j'ai l'honneur de parler », me dit aussitôt une de ces dames, aussi simple que distinguée, et douée surtout d'une remarquable convenance de ton et de manières.

Sur ma réponse ou plutôt sur un signe affirmatif de ma part, elle continua :

« Je suis très-heureuse de vous voir ; car je tiens beaucoup à vous dire tout l'intérêt que vous a porté M. de Rochefort pendant votre captivité. Il avait reçu votre lettre, c'est moi-même qui l'avais ouverte et qui la lui avais lue, car il était alors souffrant. Il fut très-affecté d'apprendre votre arrestation, et il écrivit aussitôt une lettre à Cournet pour lui demander votre élargissement. Malheureusement il n'était pas en grande faveur auprès de la Commune, et il ne put rien obtenir. Je puis vous assurer, ajouta Mme X..., que M. de Rochefort est un excellent cœur, qu'il aime en toute occasion à rendre service, et qu'il eût été particulièrement heureux de vous être utile. »

Je remerciai bien sincèrement Mme X... de ce qu'elle venait de m'apprendre, je ne lui cachai pas que j'avais mal jugé la conduite de M. de Rochefort à mon égard, et que c'était pour moi un grand bonheur d'apprendre que je m'étais trompé. Nous eûmes ensuite un assez long entretien sur ce qui la regardait personnellement et sur le motif de son arrestation, et je fus de suite convaincu qu'elle ne resterait pas longtemps captive. Le lendemain, en effet, Mme X... était rendue à la liberté et se hâtait de me rendre la visite que je lui avais faite dans sa cellule ; elle était accompagnée d'un des intimes de M. de Rochefort. Nous nous entretînmes longtemps de la situation actuelle du rédacteur du *Mot d'ordre*, de son jugement que nous supposions devoir avoir lieu sous très-peu de jours, et de la sévérité probable de la condamnation. Je me permis alors de leur demander si je pourrais profiter de son malheur pour payer de mon mieux la dette de ma reconnaissance à un homme qui avait essayé de me faire du bien, et qui avait eu la modestie de me le laisser ignorer. Ces personnes voyant ma bonne volonté, et quoique bien persuadées sans doute de mon peu de crédit auprès du conseil de guerre, eurent cependant la délicatesse de me répondre qu'une lettre de ma part ne pouvait qu'être utile, et que dans tous les cas M. de Rochefort en serait très-touché. Je m'empressai donc, le jour même ou le lendemain, d'écrire à M. le président du troisième conseil de guerre, pour ajouter mon grain de sable au plateau de la balance ou devaient se peser les torts et les mérites du trop célèbre écrivain.

Après cela, chers lecteurs, si je croyais, et vous aussi, que j'ai fait pour M. de Rochefort tout ce qu'il a fait pour moi, nous nous tromperions encore. En effet, ce que M. de Rochefort ne m'a jamais fait savoir, ce que Mme X... ne m'a jamais dit, je l'ai appris bien par hasard, il y

a à peine quinze jours, de M. l'abbé L..., vicaire
de Saint-Leu, qui a lui-même couru tant de dangers pendant la Commune. Voici ses propres paroles : « Je tiens de Mme des Essarts, que Lefèvre-
Roncier, délégué à l'intérieur, était venu le trouver
et lui avait dit : Vous savez tout l'intérêt que je
porte à M. l'abbé Léris, je suis allé exprès à la Commune pour demander sa liberté; mais je n'ai pas
osé le faire, car *j'y ai rencontré Rochefort qui venait demander la même grâce pour l'aumônier de
la Roquette* et qui n'a rien pu obtenir. »

A ce digne témoignage, je puis joindre encore
celui de A. S., huissier de Raoul-Rigault et de ses
successeurs à la préfecture de police, et condamné
pour ce fait à deux ans de prison le 8 décembre
1871. Voici ce qu'il m'a rapporté : « M. de Rochefort vint un soir à la préfecture de police. — Cournet doit être là, annoncez le citoyen Rochefort. —
M. Cournet est absent et ne reviendra que demain,
mais il y a ici les citoyens Chardon, Régnard et
Humbert. — Après un moment d'hésitation : Eh
bien ! annoncez-moi. — Je l'annonce et il entre. Sans
entendre distinctement la conversation, je compris
qu'il était question d'un aumônier de prison. Quel
mal voulez-vous qu'il fasse, leur disait M. de Rochefort, cet homme qui passe sa vie à soulager et con-
soler les prisonniers ? — Vous demandez une chose
impossible, lui répondit-on, la Commune a besoin
de prendre ses sûretés, et elle doit conserver tous
ses otages. M. de Rochefort ajouta quelques paroles
assez vives et se retira. Il était à peine sorti que
l'un de ces messieurs dit aux autres : de quoi donc

va-t-il se mêler? S'il revient encore nous ennuyer nous l'enverrons rejoindre son protégé de Mazas*. »

— Me voilà donc, chers lecteurs, trois fois convaincu d'avoir mal apprécié la conduite de M. de Rochefort à mon endroit, et je me suis fait un devoir de cette réparation publique pour ne pas encourir l'application de cet article du code chrétien : « Ne jugez point et vous ne serez point jugé. »

* Voir pièces justificatives F.

A MES LECTEURS

Il est temps de m'arrêter, chers lecteurs, car j'ai rempli, si je ne me trompe, les pages supplémentaires offertes par mon éditeur. D'ailleurs une toute autre considération me fait un devoir de conscience de mettre ma plume au repos. N'ai-je pas, en effet, dans l'enceinte des murs de la Roquette, de ces murs qui ne suaient auparavant que le crime, et d'où s'évapore aujourd'hui un parfum de sainteté, de noblesse, de grandeur; de ces murs où l'on ne rencontrait guère que les noms des Lacenaire, des Verger, des Lapommerais, des Troppmann, et où le regard se repose avec amour, respect et admiration sur les noms des Darboy, des Deguerry, des Bonjean et de tant de prêtres, de religieux, de militaires, de civils, compagnons de leur captivité ou de leur mort; n'y a-t-il pas là dans ces murs un troupeau de brebis égarées, mais soumises, qui réclament tous mes instants? N'y a-t-il pas un vaste champ béni, sanctifié et fécondé par le sang des martyrs, et qui n'attend que la main du moissonneur? Or, depuis que j'ai essayé de vous raconter l'histoire du capitaine Révol, j'ai certainement dérobé à mon troupeau quelques heures qui lui appartenaient et que je me sens obligé de lui rendre. Je suis donc forcé de me séparer de vous, chers lecteurs. Mais si vous tenez à me lire encore, je vous dirai confidentiellement que n'ayant jamais rien produit en plein vent que des branches, et des feuilles peut-être, j'ai besoin, pour porter fleurs ou fruits, d'être mis en serre chaude. Priez donc le bon Dieu de m'envoyer une seconde fois à Mazas. Là, dans le silence de la cellule, à l'abri de toutes les distractions du dehors, n'ayant à m'occuper que de vous et de moi, je pourrai vous dire ce que je ne vous ai pas dit encore, et consacrer ma prose à un autre héros que le capitaine Révol.

7

UN AN APRÈS.

CONSOLATIONS ET ENCOURAGEMENTS.

Ce nouveau chapitre que j'ajoute à la troisième édition de l'*Histoire du capitaine Révol* sera la contre-partie du chapitre de *mes Tribulations d'auteur*. J'ai reçu en effet de mes lecteurs et de mes lectrices un nombre considérable de lettres aussi bienveillantes, aussi gracieuses les unes que les autres, et pleines d'éloges et de félicitations. Pas une observation, pas une critique même légère, pas le moindre reproche, excepté cependant ce reproche général : *Pourquoi ne pas continuer à écrire?* Il y a bien eu ici peut-être de la part de mes lecteurs un peu de générosité ; et s'ils ont évité de critiquer mon œuvre, c'est qu'ils ont voulu, par un sentiment d'extrême délicatesse, ménager l'amour-propre, la susceptibilité de l'auteur, comme on ménage l'amour-propre d'une mère en trouvant son enfant toujours ravissant, et sans le moindre défaut. Et en cela, mes chers lecteurs, vous avez bien fait, et je vous en remercie, car après tout je ne suis pas plus parfait que l'Archevêque de Grenade.

Quoi qu'il en soit, j'ai été d'autant plus flatté de ces lettres et de leur contenu qu'elles viennent la plupart de personnes bien capables de juger de la valeur et du mérite d'un ouvrage. Mais ce qui m'a surtout encouragé et consolé plus que tous les éloges, c'est le témoignage unanime que ce livre pouvait faire du bien aux âmes, les instruire, les toucher et les ramener à Dieu. Du reste, j'en ai eu, dans le secret de mon oratoire, des preuves plus touchantes encore que Dieu seul connaît avec son indigne serviteur. Aussi toutes ces lettres, qu'elles soient d'une marquise, d'une comtesse ou d'une simple ouvrière, d'un député ou d'un artisan, d'un cardinal, d'un évêque ou d'un pauvre curé de campagne, voire même d'un simple vicaire; qu'elles soient écrites par la main d'un bas-bleu ou par une femme tout occupée de son intérieur, par une bonne dévote ou par une personne qui voudrait servir deux maîtres, Dieu et le monde, par une actrice ou par une demoiselle de confrérie, par un écrivain, un professeur, un homme de lettres ou par un artiste, par un Français ou par un étranger, toutes ces lettres je les conserve bien précieusement, et placées dans le plus réservé de mes cartons, elles vivent en paix à côté les unes des autres.

Or j'avais eu la pensée de les faire sortir de leur obscure et silencieuse retraite pour les faire toutes paraître dans ma troisième édition. Je comptais sur une parole assez vague de mon éditeur qui ne se doutait nullement de leur nombre prodigieux. Comprenant cependant que je devais y mettre quelque discrétion, et faisant de douloureux sacrifices, je me contentai d'en choisir un cent, dont je fis un petit paquet, et chargé du précieux fardeau, je me rendis chez l'éditeur. «Tenez, lui dis-je, je ne veux pas être trop exigeant, en voilà cent seulement, vous ne me refuserez pas de les publier dans la nouvelle édition. — Comment M. l'abbé, cent lettres ! c'est vraiment impossible, malgré tout le désir que j'ai de vous être agréable. Faites-en un volume à part, à la bonne heure ! ou bien permettez-moi de doubler le prix de votre livre. Mais puisque vous voulez au contraire que je le diminue, malgré toutes les améliorations coûteuses que je vais y apporter, malgré le portrait du capitaine Révol que je joins au vôtre, malgré les pièces justificatives qui n'étaient pas dans les éditions précédentes, tout ce que je puis faire, c'est d'en accepter cinq ou six tout au plus. » Ces observations étaient assez justes, et je me résignai, acceptant surtout la perspective de les faire toutes paraître un jour dans un volume à part.

Je remportai donc mes cent lettres, et rentré chez moi, je retirai celles que j'avais laissées dans mes cartons, et je les étalai toutes sur mon large bureau pour choisir mes six. Je n'essayerai pas de vous dépeindre mon embarras : J'allais et je revenais de l'une à l'autre, les prenant, les rejetant, les prenant encore, ne pouvant me décider ni pour celles-ci, ni pour celles-là, ne voulant sacrifier ni ce mot charmant que je rencontre dans l'une, ni cet éloge délicat que je lis dans une autre, ni ces quelques lignes de Mme X., ni cette demi-page de M. Y. Semblable à un malheureux qu'on aurait condamné à perdre un œil, une oreille et un doigt, à son choix, et qui ne peut se résoudre à choisir l'œil, l'oreille ou le doigt qu'il doit sacrifier. Enfin après plusieurs heures de cruelles hésitations, je m'étais décidé, en désespoir de cause, à tirer au sort mes six lettres accordées, lorsqu'une pensée me vint à l'esprit : *Pourquoi ne choisirais-je pas*

les plus longues? J'acceptai tout de suite cette inspiration qui me tirait d'embarras, et après deux
heures de travail nocturne, je trouvai les six plus
longues lettres qui doivent faire l'ornement de la
nouvelle édition, et qui du reste, j'en suis certain,
ne seront longues que pour l'éditeur.

Indiquons les d'avance :

1. Lettre d'une dame.
2. Lettre d'un pasteur protestant.
3. Lettre d'un auteur.
4. Lettre d'un prêtre.
5. Lettre d'un de mes neveux.
6. Article d'un journal.

Et avant de les donner, faisons deux observations préliminaires.

1re OBSERVATION.

Les auteurs de ces lettres trouveront peut-être
assez étrange que je me sois permis de les publier,
sans m'être auparavant assuré de leur consentement. Cette pensée en effet s'est tout d'abord pré-
sentée à mon esprit, je devrais presque dire à ma
conscience. J'avoue même que je m'attendais, si je
faisais la démarche, à un modeste refus ; et si je
n'ai pas cru devoir m'y exposer, c'est que j'étais
persuadé que, la faute commise, on accepterait
avec indulgence le fait accompli. La lecture de
ces lettres devant être en effet, je n'en doute
pas, très-agréable aux lecteurs, la bienveillance

des auteurs m'était trop connue pour que je pusse douter un moment de leur assentiment *après*, lors même qu'ils me l'eussent refusé *avant*. Dans tous les cas si j'ai besoin de leur pardon, tous mes lecteurs, j'en suis sûr, iront le demander pour moi.

2ᵉ OBSERVATION.

Mais ce qu'on trouvera peut-être plus étrange encore c'est que je me laisse ainsi louer par des bouches étrangères ; c'est que n'osant pas dire moi-même : que j'ai tous les talents, que je possède toutes les vertus, que je suis un homme incomparable, un Vincent de Paul, un saint, etc., etc., je me fasse dire ces choses par les autres. Et on croira pouvoir conclure que j'ai bien peu d'humilité, ou plutôt que j'ai bien de l'orgueil.

Eh bien ! chers lecteurs, on se tromperait, *je ne suis point un orgueilleux.* Tout le monde à ma place, en aurait peut-être de l'orgueil, mais moi, non, et en voici la raison : toute ma vie, j'ai fait à Dieu cette prière de saint Augustin, *noverim te, noverim me, Seigneur, que je vous connaisse, et que je me connaisse !* Or pour la seconde partie de la prière, il m'a tellement exaucé, je me connais si bien depuis le premier jour jusqu'au dernier, Dieu m'a fait lire si profondément dans les replis les plus cachés de mon âme, il m'en a tellement montré le vide, le néant, les vices, les imperfections, les tristes penchants, il m'a tellement pénétré de ces paroles que je dis tous les jours à l'autel, *je confesse, mes frères, que j'ai beaucoup péché par pensées, par paroles, par actions et par omissions ;*

et à la fin de la messe : *Seigneur, ne laissez pas
dans mon âme les restes de mes crimes, de mes scé-
lératesses.* Tout cela est tellement présent à mon
esprit, et le remplit si bien qu'il n'y reste pas la
moindre place pour l'orgueil. Je n'en dirais pas
autant de vous, vénérés confrères, qui avez aussi
publié ou laissé publier le récit de vos persécutions ; vous avez comme moi, plus que moi, reçu un
ample tribut d'éloges, vous avez vos admirateurs.
Eh bien ! je vous dirai, prenez garde à l'orgueil ! et
pourquoi ? D'abord parceque l'orgueil s'insinue
toujours de préférence dans les âmes d'élite,
comme ces vers qui s'introduisent dans les meilleurs fruits, sans toucher aux mauvais ; et puis
parce que les éloges que vous recevez, sont des
éloges bien mérités, et que malgré nous ces éloges
flattent toujours et nécessairement notre amour-
propre. Mais pour moi je ne crains pas ce danger.
Aussi, chers lecteurs, vous pouvez me dire à votre
aise que je suis un saint, je sais à quoi m'en tenir ;
que j'ai toutes les vertus ; hélas ! s'il suffisait pour
cela d'en connaître le nom ! ou de les prêcher aux
autres ! que je suis... ; mais je m'aperçois que je
vais trop loin, il serait imprudent de commencer
ou de continuer ma confession publique. Si je n'ai
pas cet orgueil que donnent quelquefois les vertus,
j'ai cependant celui qui nous fait cacher nos défauts. Mais arrivons aux lettres et commençons par
les dames.

Ire LETTRE.

Lettre de Mme B., veuve d'un ancien directeur de prison qui a laissé d'impérissables regrets et des souvenirs ineffaçables dans l'esprit et le cœur de tous ceux qui ont pu le connaître.

« 28 janvier 1872.

« Cher Monsieur l'abbé,

« Votre brochure, comme vous l'appelez modestement, m'a fait un plaisir infini, et jev eux vous dire, moi, l'éternelle liseuse, mes impressions à ce sujet :

« Commençons d'abord par le commencement, la photographie de l'auteur : elle est charmante d'expression, d'une ressemblance parfaite et en même temps très-heureuse ; bien qu'il ne soit guère possible de vous croire tant soit peu *coquet*, avouez qu'il n'est pas désagréable de rester ainsi fixé dans la mémoire et le souvenir de ses amis et contemporains.

« Votre lettre à l'éditeur est une des choses qui me plaisent le plus : vous vous y révélez tout entier ; on y retrouve votre verve enjouée, la finesse et la naïveté de votre esprit, et ce cachet qui vous est particulier, et qui fait que dans ce que vous dites en public ou écrivez, le rire est souvent près des larmes ; c'est là une de vos grandes qualités et certainement celle qui vous donne la facilité d'intéresser et d'émouvoir. Dans cette lettre, il y a la phrase sur l'homœopathie, qui est charmante ; celle des sublimes bêtises si touchante et si vraie ; ce

7.

que vous dites du besoin de prier seul et dans l'ombre pour le faire plus ardemment, comme c'est réel, et comme je le sentais moi-même, dans mes stations du soir à la chapelle des Jeunes détenus!

« Votre capitaine Révol est un bon diable de communeux, que vous faites plaindre et presqu'aimer ; il faut que votre femme d'esprit peu religieuse, ait en même temps bien peu de cœur, pour que le portrait que vous faites de lui ne l'ait pas attendrie. Il y a, dans le cours de votre livre, des pages charmantes et qui font image ; celle de votre messe blanche et du mois de Marie ; et dans un autre genre, cette autre où près d'un cuisinier et armé d'un torchon, vous l'aidez gravement à laver la vaisselle. Une chose que j'aime encore beaucoup, c'est la partie concernant vos demandes à Dieu pour votre sauveur ; toute cette partie est touchante et naïvement grâcieuse « nous traiterons cette affaire quand nous serons seuls » et la suite ; puis après, la réponse de Dieu si pleine d'élévation et de piété ! La télégraphie qui s'établit de la terre au ciel avec ceux qu'on a aimés ! Et enfin vos adieux au pauvre capitaine, que je n'ai pas lus sans avoir la larme à l'œil, et cette petite phrase qui fait presque sourire : « Mon Dieu, dites où est mon pauvre capitaine, que je l'embrasse et le remercie. »

« Je vous prédis, cher monsieur l'abbé, que cette brochure sera un grand succès, qui vous obligerait à continuer d'écrire, si vous pouviez concilier votre vie de charité active et militante, avec les obligations du narrateur et de l'écrivain. Ne croyez-vous pas que vous pourriez faire encore beaucoup de bien ainsi ? Quant à vos lettres au capitaine, c'est la troisième que j'aime le mieux ; je la trouve touchante, d'une grande élévation de style et de pensées, pensées consolantes pour ceux qui souffrent et qui ont souffert !...

« Somme toute, votre livre m'a fait du bien, par cette charité que vous savez rendre si douce, et votre indulgence si précieuse. L'indulgence ! qui ramène tant d'âmes à Dieu et qui berce et endort tant de douleurs ! ce bien qu'il m'a fait il le fera à beaucoup d'autres n'en doutez pas, et pour cela seul, vous devez vous féliciter de l'avoir écrit et de l'avoir laissé imprimer.

« Veuve B. »

IIᵉ LETTRE.

Vous serez peut-être fort étonnés, chers lecteurs, que je vous donne ici la lettre d'un ministre de l'Eglise réformée, plus étonnés encore qu'il me l'ait écrite. Mais je dois vous dire que le pasteur R. est pour moi un ami de vieille date, presque un confrère, car il me permet de lui donner ce titre. Dans un temps d'ailleurs où il y a tant de gens qui n'ont aucune religion, j'estime fort tous ceux qui en ont une, surtout quand ils la pratiquent de bonne foi, avec une conviction profonde, et une piété sincère. Quoique séparés de nous par des nuances plus ou moins tranchées, la théologie nous enseigne qu'ils appartiennent à l'*âme* de l'Eglise, et qu'ils peuvent être sauvés par les mérites du Rédempteur.

Du reste, quand vous aurez lu la lettre du pasteur R. vous penserez, comme moi, que pour apprécier comme il le fait le livre d'un prêtre catholique, il faut qu'il soit lui-même un homme de grande foi, de grande vertu, d'un grand cœur, d'un esprit bien délicat, et d'une rare tolérance.

« Vichy, 15 juillet 1872.

« Cher monsieur et vénéré Pasteur,

« Vous avez usé d'une grande bienveillance à mon égard, d'abord en m'excusant pour mon retard bien coupable à venir vous remercier du précieux envoi que vous m'aviez fait, et ensuite en me prolongeant d'un délai fort généreux le temps pour m'acquitter de ma dette.

« Ah! merci de votre bonté et de votre indulgence, car depuis plusieurs mois ma conscience était angoissée, et c'est en vain que je cherchais en moi-même des circonstances atténuantes dans les occupations multiples qui ne me laissent guère d'instants de libre. Je sentais que j'étais un coupable, un ingrat ; je me suis confessé à vous, avec une componction bien sincère, et dans votre grande miséricorde, dans votre expérience des misères de la vie, vous m'avez donné l'absolution. Merci !

« Je suis donc parti, soulagé de ce côté, pour venir me reposer et boire des eaux minérales à Vichy. Mais je n'ai pas oublié le *Capitaine Révol*; je l'ai emporté avec moi ; je l'ai relu, j'en ai parlé avec enthousiasme à bien des personnes de mon hôtel, et dans ce moment je l'ai sous mes yeux, et le livre s'ouvrant de lui-même, me met tête à tête avec la figure de l'auteur, avec ce visage que je n'ai jamais oublié, après l'avoir vu une fois, où se peint l'expression de toutes les vertus évangéliques et qu'il me suffit de regarder pour m'encourager à l'accomplissement du devoir, à la bonté, à la charité, à la sincérité, à l'amour de tous ceux qui souffrent. Votre photographie est parfaite ; elle est vivante, elle parle, elle touche, elle vous fait aimer.

« Eh bien donc ! que je vous remercie de tout cœur, cher monsieur et Pasteur, d'avoir pensé à moi, et de m'avoir adressé un exemplaire de votre délicieux livre. J'ai tressailli de joie en le recevant, et les quelques mots que vous avez tracés de votre main sur une des pages blanches, ont donné pour moi à ce livre un prix nouveau. Je l'ai montré avec empressement et fait lire aux membres de ma famille ; et il demeurera dans ma bibliothèque au milieu des livres les plus agréables à voir et à re- lire, et il y sera comme un joyau gardé et soigné avec sollicitude.

« Je puis vous dire en toute vérité que j'en ai fait durer à dessein la lecture une quinzaine de jours. J'en prenais par petites doses, pour savourer plus longtemps le plaisir et le charme que j'y trouvais. Il y a dans ce livre, petit par le format et le vo- lume, mais grand par l'intérêt, par la vérité, par le dramatique, par le talent, par la piété si vraie, si pénétrante, si évangélique, il y a dis-je, dans ce livre tout ce qui est propre à captiver, à gagner l'esprit, l'âme, le cœur. Ce n'est pas un livre qu'on lit, c'est une âme qu'on entend parler, une âme chrétienne avec laquelle on se sent bientôt en complète sympathie. Je comprends, cher Pasteur, le succès énorme qu'a eu votre livre ; je le voudrais entre toutes les mains ; je me suis proposé de le répandre beaucoup parmi mes paroissiens. C'est un don précieux à faire à une personne sérieuse et aimant les ouvrages sérieux et délicats, que de leur offrir ce livre qui, en traitant de sujets tragiques et lamentables, rend vivantes et présentes toutes les scènes qu'il raconte, et unit à l'émotion contenue une verve pleine d'esprit, de grâce, de naïveté.

« Je viens d'interrompre ma lettre pour relire quelques pages du *Capitaine Révol*, et j'ai relu en particulier le morceau sur Rochefort. Merci des leçons chrétiennes qui y sont renfermées. Partout, de votre ouvrage ressort l'esprit de patience, d'indulgence, de charité chrétienne. Toutes ces leçons frappent d'autant plus le lecteur que vous n'avez pas l'air de vouloir les donner.

Bref, je suis si enchanté de votre livre que je me joins à tous ceux qui en désirent une suite ; et je serais même égoïste au point de souhaiter qu'on nous remît à Mazas dans les mêmes conditions (si toutefois il ne devait pas y avoir les horribles et atroces cruautés qui ont fait tant de saintes victimes), bien certain que vous nous donneriez deux ou trois autres volumes aussi excellents et aussi délicieux que le *Capitaine Révol*.

« Pardonnez-moi de faire un tel vœu ; pardonnez cette lettre si longue et si diffuse, recevez tous mes sincères remerciements, tous mes vœux les plus profonds pour votre santé, et pour la longue continuation de votre ministère chrétien, de paix, de douceur, de dévouement.

« Votre bien reconnaissant et affectionné frère en Jésus-Christ.

« R. P^r. »

IIIᵉ LETTRE.

Lettre de M. J. de L., auteur d'un grand nombre d'ouvrages très-estimés, et chef de bureau au ministère de l'intérieur. Quand vous aurez lu cette lettre, chers lecteurs, vous me direz si j'ai eu tort de lui donner une place au chapitre de mes *Encouragements.*

« Paris, le 21 juillet 1872.

« Mon cher abbé,

« J'ai peut-être commis une indiscrétion en vous priant de m'envoyer votre petit livre ; mais combien je me félicite de l'avoir fait. La lecture de cet ouvrage m'a causé un plaisir délicieux, et le bien qu'on m'en avait dit n'est rien à côté de celui que j'en pense. Quel esprit charmant, quelle douce sérénité, quelle mansuétude pour vos persécuteurs! Il faut être profondément imbu, comme vous l'êtes, des maximes évangéliques pour avoir conservé tant de sang froid et même d'enjouement au milieu des plus grands périls, et une pareille résignation aux volontés de la Providence.

« Ah! qu'ils étaient mal inspirés ceux qui se sont permis de vous donner des conseils soi-disant pour améliorer votre style et perfectionner le plan de votre ouvrage. Si vous aviez eu le malheur de les écouter, ils auraient gâté cette œuvre qui est précisément remarquable par sa spontanéité et son manque de prétentions littéraires. Avec leurs mains maladroites, ils auraient enlevé à votre inspiration sa fraîcheur et cette grâce délicate que je ne saurais mieux comparer qu'au velouté de certains fruits et à cette poussière impalpable qui lustre les ailes des papillons.

« Vous avez prouvé une fois de plus que l'éloquence jaillit du cœur, du cœur de l'homme de bien.

« La manière dont vous parlez de la religion ne peut que la faire aimer. Vous avez raison de dire qu'il faut dans bien des cas ne l'administrer qu'à dose homœopathique. Ce n'est pas là seulement un mot spirituel, c'est la vérité. Hélas ! la parole du Christ disparaît trop souvent sous un flot de commentaires, qui la rendent inintelligible aux masses. Pourquoi ne pas la leur transmettre dans sa simplicité primitive ? Il y a trop de théologiens et pas assez d'apôtres ! on s'évertue à trouver de beaux raisonnements pour démontrer l'existence de Dieu, tandis qu'il suffirait peut-être pour lui ramener les âmes livrées aux excitations de la haine et de l'envie de leur faire entendre ce sublime appel : « Venez à moi vous tous qui êtes accablés de soucis et de fatigues et je vous soulagerai !... »

« Mais je m'aperçois, mon cher abbé, que j'empiète sur votre domaine. Voilà ce que c'est que d'avoir la tête pleine d'un beau livre, tout parfumé de pensées suaves, de paroles de miséricorde, on se mêle de prêcher.

« Les larmes me sont venues aux yeux au récit de vos tribulations supportées avec tant de patience, ou entrevoyant ces nobles victimes réservées à une mort si glorieuse pour eux, si ignominieuse pour ceux qui l'ont ordonnée, si douloureuse pour la France. On ne se douterait jamais en vous lisant que vous avez failli partager leur destinée, tellement vous l'envisagiez avec cette douceur, avec cette inaltérable sérénité qui sont le fruit d'une bonne conscience. Je suis heureux pour ma part que vous ayiez échappé à ce péril et manqué cette gloire. Vous avez d'autres mérites devant Dieu! je serais même presque tenté de me réjouir de votre captivité puisqu'elle nous a valu un livre plein de grâce et de sagesse. Vous vous êtes si bien emparé de mon esprit que j'ai presque de la sympathie pour le capitaine Révol, votre libérateur, quoique je vous soupçonne de l'avoir vu à travers le prisme de la reconnaissance.

« Je ne suis pas surpris, mon cher abbé, du succès de votre livre ; ce succès ira grandissant et ces pages que vous avez écrites comme par hasard et pour céder à de louables obsessions, conserveront la mémoire d'un prêtre vénéré en même temps qu'elles enseigneront aux générations à venir qu'une foi sincère et naïve est le bouclier le plus solide contre les coups de l'adversité.

« Voilà bien des bavardages, je m'arrête et vous serre cordialement la main.

« J. DE L. »

_____

IVᵉ LETTRE.

Lettre de M. l'abbé L., à Mᵐᵉ Salvy Crozes, ma belle-sœur. En la lisant, chers lecteurs, vous oublierez facilement l'auteur du *Capitaine Révol*, pour admirer celui qui en parle si bien.

« Toulouse, maison du Calvaire, 21 février 1872.

« Trop charitable dame,

« Si j'osais, je me plaindrais amèrement de n'avoir qu'un ange gardien, alors qu'il m'en faudrait au moins trois pour vous remercier avec effusion de m'avoir fait tenir *le Capitaine Révol* que j'ai dévoré avec une avidité fébrile. Sans le vouloir, le cher aumônier de la Roquette a fait une véritable photographie du prêtre modèle dans cette histoire si intéressante de son libérateur. Si j'avais ombre de juridiction sur lui, je lui ordonnerais de nous redire, dans une série de petites brochures, toute sa carrière sacerdotale qu'il dérobe trop à l'admiration et à l'édification publique, par un malencontreux excès d'humilité dont le bon Dieu lui demandera compte assurément, parce que son silence surobstiné nous dérobe des perles fines, d'autant plus précieuses, qu'elles sont plus rares dans notre siècle dévoyé.

« Avouez que vous devez être singulièrement fière d'avoir parmi les *vôtres* une si belle âme de prêtre. En vérité, je comprendrais difficilement que le bon Dieu n'ait pas choisi le vénérable abbé Crozes pour martyr de nos iniquités nationales, si je ne savais qu'il en a encore besoin dans la grande Babylone pour ramener à la vérité et à la vertu tant de victimes égarées.

« Lorsque vous écrirez à votre aumônier émérite, veuillez bien lui dire qu'il devrait faire arriver son capitaine dans toutes les Bibliothèques populaires et dans tous les ateliers, non-seulement de Paris, mais de France. Aucun livre, mieux que le sien, ne pourra, à mon humble avis, détruire les préjugés contre le sacerdoce et la religion catholique.

« Je suis sûr que *votre* et *notre* bien aimé Joseph * dit comme moi de son paradis d'éternelles délices... Voilà donc que vous avez deux saints dans votre chère famille : l'un au ciel et l'autre sur la terre ; l'un canonisé dans la gloire par le bon Dieu, et l'autre encore dans le saint combat de la vertu, canonisé par les hommes, ce qui revient au même. Avouez que vous ne seriez plus assez raisonnable, si vous n'étiez contente de ce très-rare privilége.

« Veuillez bien agréer, madame, etc. »

« Z. L.
« *prêtre du Calvaire.* »

* L'abbé Joseph d'Omézon, frère de Mme Crozes, enlevé, il y a quelques années, par une cruelle maladie, au diocèse de Toulouse, et à la communauté du Calvaire dont il faisait l'ornement et la gloire par ses rares vertus et par ses talents.

Ve LETTRE.

Il y a à Gaillac, près d'Albi, un jeune vicaire qui porte mon nom. Je suis son oncle, et je n'ai pas besoin de dire qu'il est mon neveu. Il sait que je n'ai rien à lui donner pendant ma vie, rien à lui laisser après ma mort, et cependant il a pour moi plus de dévouement et d'affection que si j'étais un oncle d'Amérique, de Calcutta ou de Pondichéry. Aussi lui ayant envoyé au commencement de l'année un exemplaire du *Capitaine Révol*, je l'ai rendu, je crois, plus heureux que si je lui avais légué des trésors ; et il m'en a exprimé sa reconnaissance par une lettre si touchante, que j'ai cru faire plaisir aux lecteurs en la leur communiquant.

« Gaillac, 13 février 1872.

« Mon bien cher oncle,

« Quand votre petit ouvrage m'est arrivé signé de votre main, déjà à Gaillac il était connu et apprécié. Tous ceux à qui je l'ai donné à lire, en ont été aussi contents que moi, et je trouve que la mesure est bonne. Je me garderais de vous dire des choses qui ne seraient que des compliments, mais je vous assure que j'ai trouvé dans ces cent trente pages plus de bonne choses que dans toute la *Perfection chrétienne* de Rodriguez. Vous avez par excellence le don de parler aux âmes et de leur faire du bien en les caressant. Voilà le vrai sermon, celui seul que l'on écoute, et si nous avions le talent de parler tous ainsi, nous sauverions plus d'âmes que par tous nos grands sermons en trois parties. Pour moi en particulier, prêtre comme vous, j'y ai beaucoup réfléchi et je vous demande, mon cher oncle, de me dire comment vous avez conservé jusqu'à soixante-six ans cette simplicité de foi admirable, et cette charité qui saisit toutes les âmes qui vous entourent. Je vous le demande parce que je comprends que c'est un devoir d'y parvenir, et que j'en suis à une distance énorme. Je vous le demande parce que je sais que vous m'aimez et que vous ne me refuserez pas des conseils qui peuvent me faire du bien. Si nous étions à côté l'un de l'autre nous en causerions, mais je suis réduit à vous le dire par lettres, et je sais que les lettres ne disent jamais que la moitié de la pensée, ou le double, mais jamais la pensée telle qu'elle est. Je ne vous mar-

querai pas ce que j'ai aimé le plus dans votre petit
livre, je marquerais tout à l'encre rouge comme
vous, mais dans un but tout contraire. Si j'osais
me joindre à ceux qui vous ont demandé d'écrire
encore un peu ! non pas de grands ouvrages, mais
ces petits livres qu'on lit en deux heures et dans
lesquels on a la matière de cent sermons, et le fruit
qui plus est ! On me disait la semaine dernière :
vous devez être bienheureux d'avoir ce bon abbé
dans votre famille ? Ce que j'ai répondu vous le
devinez, car vous savez si je suis heureux et fier de
vous avoir pour oncle et de porter votre nom.
Aussi je vous demande de ne pas m'oublier, et de
me donner quelquefois comme prêtre et comme
oncle bien aimé des conseils que je recevrai toujours avec bonheur. Je suis indiscret, c'est bien
possible, mais vous me le pardonnerez, car depuis
quinze jours je suis sous l'impression de votre
ouvrage, et j'y pense sans cesse, toujours tenté de
dire à Dieu : mon Dieu bénissez ce bon oncle, et
donnez-moi de vous aimer, comme il vous aime,
et d'aimer les hommes comme lui !

« Ludovic C. »

VIᵉ LETTRE.

Pourquoi donc l'auteur, si bien inspiré d'ailleurs,
de l'article que l'on va lire, a-t-il tenu à garder l'ano-
nyme ? j'aurais eu tant de choses à lui dire ! mais je ne
puis me décider à les dire à M. X. Qu'il sache donc
que tous les anonymes du monde sont faits pour tourmenter la curiosité de l'homme, ou son pauvre cœur

Ecrivez à quelqu'un ces trois mots, *je vous aime*, et signez-vous X, vous êtes sûr de faire un malheureux. C'est pourtant là ce que vous avez fait, M. X. mais j'aime à croire que vous n'êtes pas un endurci, et je compte sur vos remords.

Journal *le Tarn*, 24 avril 1872.

« Nous venons de lire une petite brochure, au titre aussi modeste que le vénérable prêtre qui en est l'auteur. Mais elle a le parfum de la violette comme elle en a l'humilité. L'abbé Crozes que toute la France entendait appeler, il y a quelques jours à peine, le Vincent de Paul de notre époque, y raconte, avec autant d'esprit que de charité, les événements dont il fut le témoin et dont il faillit être la victime.

« Bien des pages ont été écrites sur cette époque à jamais douloureuse de notre histoire, je n'en connais pas de meilleures que celles ou ce bon et saint aumônier de la Roquette nous raconte son arrestation, sa captivité et sa délivrance, ou mieux encore l'histoire de son libérateur, le capitaine fédéré Révol, frappé pour ses crimes par la justice des hommes, mais frappé aussi avant de mourir par la miséricorde de Dieu.

« Ceux qui ont eu le bonheur d'entendre l'abbé Crozes savent ce qu'il y a dans sa physionomie de vivacité et de douceur ; ils ne peuvent oublier cette parole spirituelle et pénétrante qui va jusqu'au fond de l'âme et qui ravit autant qu'elle fait de bien. Dans le petit livre qu'il nous donne aujourd'hui, l'abbé Crozes paraît tout entier, son esprit s'y révèle et son cœur y parle à chaque page. Il a, dit-il, une prime de seize ans sur les hommes de cinquante, mais les années ne pèsent point sur sa plume.

« Ce petit livre, dont la lecture fait toujours naître sur les lèvres un sourire, tandis que les yeux sont tout étonnés de se trouver remplis de larmes, a le bien rare privilége de convenir à toutes les âmes ; aux âmes religieuses, parce que la foi y déborde de toutes parts, et à toutes les autres, parce qu'à une délicieuse simplicité viennent se joindre une douceur et une charité admirables.

« Il est de ceux qui resteront, et qui marquent leur passage par le bien qu'ils font dans les âmes. C'est pour en avoir ressenti nous-mêmes et vu autour de nous les effets, plus éloquents que toutes les paroles, que nous n'avons pu retenir sur nos lèvres le cri de l'admiration, tandis que dans notre cœur naissait un double désir : que ce livre soit beaucoup et beaucoup répandu, et que l'abbé Crozes trouve dans le bien qu'il a déjà fait un encouragement à ne pas briser sa plume, et à nous donner encore et souvent des œuvres comme celle-ci. Elles ne peuvent couter à son esprit et à sa foi, et nous sommes sûrs de ne trouver d'opposition que dans son humilité.   « X. »

Ajoutons avant de finir, ces quelques mots de l'*Univers* parlant de mon livre :

« Attendez à demain pour le lire, disait un de nos amis en le remettant à un vénérable prêtre ; l'heure est déjà avancée, et si vous en commencez ce soir la lecture, vous ne vous arrêterez qu'à la dernière page, et votre sommeil pourra en souffrir. » N'est-ce pas en deux mots le meilleur de tous les éloges ? Et il n'est pas exagéré.

L'*Univers*.

Pièce justificative A.

Nous devons à l'obligeance de M. Tisseron, directeur des *Annales historiques*, de pouvoir donner ici quelques extraits de la Notice si intéressante qu'il vient de publier sur M. le comte O'Connell.

ANNALES HISTORIQUES

LE COMTE O'CONNELL

Voilà un nom que nous sommes heureux d'inscrire dans les *Annales historiques*, c'est celui d'un ami de la France. Irlandais d'origine, M. le comte

O'Connell a en effet choisi notre pays pour sa patrie adoptive, et ce choix il l'a fait, non au jour de notre gloire et de notre prospérité, mais au moment de nos malheurs et de nos désastres. Il a souffert avec nous et pour nous ; et avoir participé comme lui aux douleurs de la France, c'est être naturalisé Français. Mais, hâtons-nous de le dire, en fixant sa demeure au milieu de nous, le comte O'Connell n'a pas oublié son pays natal ; l'Irlande et la France lui sont également chères.

« Le comte *François-Michaël* O'Connell, dit *le*
« *Nobiliaire universel*, né en 1847, à Dublin, fils
« de *François* O'CONNELL et de NORAH, née MONT-
« MORENCY O'CALLAGHAN, est issu de la maison
« irlandaise O'Connell, des princes de Thommond,
« dont le chef, le célèbre roi d'Irlande, Brian-
« Borhimbe, expulsa les Danois de l'île, en 1014. »

M. O'Connell quitta l'Irlande à l'âge de quatre ans, et fut élevé auprès d'un de ses oncles, à l'île de la Trinité ; c'est là qu'il commença ses études.

Il vint plus tard les continuer à Boulogne-sur-Mer, et les termina ensuite à Paris où, pendant plusieurs années, il cultiva avec soin et avec succès la littérature, la science et les arts. Il se lia d'amitié avec des jeunes gens de famille qui avaient les mêmes goûts que lui, et l'aristocratie du Faubourg Saint-Germain lui ouvrit ses salons. Mais quoi qu'il se plût beaucoup à Paris, il ne pouvait, comme nous le disions tout à l'heure, oublier l'Irlande, et en 1869, inspiré par l'amour na-

8

turel de la patrie, il voulut revoir son pays natal.

Arrivé à Londres où il pensait ne rester que quelques jours avant de continuer sa route pour Dublin, il y fut retenu par de nombreuses amitiés de famille et par des intérêts de fortune. Là, après un séjour à peine d'une année et par suite de ses relations avec la haute société anglaise, il était même à la veille de se marier lorsqu'éclata la guerre de 1870.

Aussitôt, le jeune gentleman irlandais prit son parti de venir offrir ses services à la France en péril. La jeune princesse qui devait être plus tard la compagne de sa vie, comprit cette généreuse résolution et voulut s'y associer, en consentant au départ de son fiancé. Arrivé à Paris, il fut de suite attaché à l'ambulance américaine, dont il devint un des chefs principaux.

Cette ambulance rendit d'immenses services pendant le siége : elle eut jusqu'à cent cinquante blessés par jour. Son histoire a été écrite, et le nom de M. O'Connell y figure avec honneur *. Il assista à toutes les batailles et combats livrés sous les murs de Paris; son dévouement, sa charité et sa générosité pour nos blessés furent remarqués et admirés, et M. le comte de Flavigny, de qui dépendait l'ambulance américaine, se plut en plusieurs circonstances à les louer.

M. O'Connell resta à Paris pendant la Commune; les soins qu'il avait donnés à nos blessés pendant le

---

* *History of the american ambulance*, London 1873.

siége, il les prodigua aux victimes de la guerre civile. Mais là ne se bornèrent pas son dévouement et ses services, pendant le second siége de la capitale. Dès qu'il vit les tendances antireligieuses de la Commune, il résolut de mettre à profit son double titre d'étranger et de chef d'ambulance pour être utile au clergé. Au mépris des plus grandes fatigues, et quelquefois au péril de sa vie, il fit sortir de la ville des ecclésiastiques, des Frères de la Doctrine chrétienne, et un grand nombre d'autres personnes dont la vie ou la liberté étaient en danger. Il contribua aussi par ses démarches, soit auprès des ambassades des puissances étrangères, soit auprès des membres de la Commune, à faire remettre en liberté des prêtres, déjà renfermés à la prison de la Conciergerie. Ce n'est pas tout : les otages lui dûrent en grande partie les adoucissements apportés, pendant le mois de mai, à leur captivité. Le comte O'Connell en effet, ayant obtenu, non sans peine, de visiter les otages, se fit accompagner du correspondant du *Times*, dont la relation reproduite par les journaux français, fit une telle impression sur les membres du gouvernement insurrectionnel, qu'ils adoucirent la captivité de leurs victimes. Les prisonniers eux-mêmes constatèrent, par leurs lettres, l'heureuse influence exercée par la visite et l'intervention de M. O'Connell.

Nous disions, au commencement de cette Notice que M. O'Connel, tout en servant sa patrie d'adoption n'oubliait pas sa chère Irlande. En voici la preuve : Au mois de mai 1871, au plus fort de la lutte, alors qu'il est tout entier au soin des blessés et à la protection des prêtres menacés, il apprend par les journaux, que le prince de Bismark, dans un discours prononcé au Parlement de l'Empire, a dit qu'il y avait 8,000 Irlandais parmi les fédérés. Cette odieuse affirmation lui cause la plus vive indignation ; immédiatement, il écrit au *Moniteur universel* pour protester, et démentir le chancelier d'Allemagne. La lettre de M. O'Connell, telle que nous la trouvons dans ce journal du 12 mai 1871, est remplie des plus nobles sentiments : elle fait honneur au patriotisme, au courage, et à la religion de son auteur.

La Commune vaincue et l'ordre rétabli, M. O'Connell crut son œuvre terminée. Il nous quitta alors pour aller contracter à Londres l'alliance que nos malheurs seuls avaient pu faire ajourner. Depuis, il a vécu à Paris, tout entier aux joies pures de la famille, au culte de l'amitié et des arts. Mais dans cette vie retirée, le comte O'Connell ne se désintéresse pas des bonnes œuvres, il sait se trouver partout où il y a du bien à faire, une vie à sauver ; témoin ce récit que nous empruntons à *la France nouvelle* du 8 décembre 1874 :

« Vendredi, vers onze heures du matin, un porte-
« faix est tombé dans la Seine, près du pont des
« Saints-Pères. Personne ne venait à son se-
« cours... il allait périr lorsque par bonheur, est
« venu à passer un noble Irlandais, le comman-

« deur O'Connell qui, en moins de temps qu'il
« n'en faut pour l'écrire, s'est débarrassé de son
« pardessus, s'est jeté tout habillé dans le fleuve,
« est parvenu à rejoindre à la nage le portefaix
« affolé, l'a soutenu sur l'eau, a pu le ramener sain
« et sauf sur la berge. *La Liberté, la Semaine*
« *Religieuse* et *le Petit Moniteur* rapportent le
« même fait. »

Sa modestie et son amour de l'obscurité n'ont
pu cacher son mérite, car de nombreuses distinctions sont venues le trouver. Signalé à la
Société d'Encouragement au bien, il reçut d'elle,
le 4 mai 1872, une médaille d'honneur de
1ᵣₑ classe.

« Irlandais de naissance, dit le rapporteur de la
« Société, M. O'Connell porte noblement un nom
« illustre; il a fait envers nous plus que son de-
« voir : jeune, riche, à la veille de se marier, il a
« tout quitté pour venir en France, dans ses jours
« de malheur ; il s'est dévoué pour elle au péril de
« sa liberté, de sa vie, s'inspirant des plus nobles
« mobiles : l'amour de l'humanité et la passion
« du bien. A l'ambulance américaine, il a donné
« nuit et jour ses soins aux blessés, sous les tentes
« et sur le champ de bataille... Que M. O'Connell
« reçoive avec l'expression de la reconnaissance
« publique, l'honneur que nous lui adressons
« d'une médaille. »

L'année suivante, les services rendus au clergé
de Paris, par M. O'Connell, furent exposés à Sa

8.

Sainte té, dans une supplique qui portait la signature d'un des évêques les plus distingués de France,
et Pie IX, dans un bref élogieux, donna au jeune
Irlanda is un premier témoignage de satisfaction et
de bienveillance, en le nommant commandeur de
l'Ordre de Saint-Grégoire-le-Grand. Là ne devait
pas se borner la munificence du Saint-Père. En
mars 1876, sur un rapport de Son Excellence le
Nonce apostolique, à Paris, Sa Sainteté a conféré
à M. O'Connell, pour lui et ses successeurs en
ligne directe, le titre de comte. Le Souverain Pon-
tife a voulu récompenser ainsi la charité et le
courage dont M. O'Connell a fait preuve en venant
en aide au clergé de Paris, pendant les tristes
jours de la Commune.

Pièce justificative B.

M. l'abbé Blondeau a eu l'insigne honneur d'être
le premier otage du clergé de Paris pendant la Commune. Il m'avait déjà fait connaître de vive voix les
divers incidents de son arrestation et de sa captivité,
mais il a bien voulu dernièrement les coordonner et
m'en donner par écrit le récit à peu près complet, et
dans tous les cas parfaitement exact.

« Plaisance, le 25 août 1872.

    « Cher confrère et ami,

« Je m'empresse, puisque cela peut vous faire
plaisir, de remplir les lacunes que vous m'avez si-
gnalées dans ma lettre au supérieur des Mission-
naires d'Issoudun. C'est par discrétion que j'ai été
court avec lui, vous voulez que je sois long avec
vous, j'obéis.

« Le vendredi, 31 mars, à minuit, un peloton
d'environ cinquante fédérés, conduits par un commissaire de sûreté, nommé *Bertin*, vint cerner l'é-
glise de Plaisance par toutes ses issues, et la visiter
minutieusement, sous le prétexte de rechercher
des armes et des munitions cachées, mais dans le
but réel de s'emparer, s'il y en avait, des vases
sacrés et des trésors qui n'existaient que dans leur
imagination. J'aurais pu, vous le savez, comme
autrefois saint Laurent devant les cruels et avides
tyrans de Rome, faire venir les pauvres si nombreux de ma paroisse, les veuves, les orphelins et
les vieillards, et leur dire, *voilà mes trésors*, mais

ce n'eut pas été leur affaire. Au lieu donc de trésors ou de vases d'or et d'argent, ils ne trouvèrent dans un caveau, appelé *dépositoire*, comme il en existé dans toutes les églises, que deux cercueils qui y avaient été régulièrement déposés quelques semaines auparavant. Ils renfermaient les corps de deux réfugiés, morts à Plaisance pendant le siége, et dont on n'avait pas pu encore faire le transport. L'un était le corps d'un enfant de trois ans, fils du sacristain d'Antony ; l'autre était le corps de la belle-mère d'un charbonnier de ma paroisse chez lequel elle était venue se réfugier ; les deux familles tenaient à reporter les corps dans leur pays. Avant de consentir à les garder provisoirement dans le caveau de mon église, j'avais exigé toutes les autorisations, légales et écrites, de la mairie du XIV⁰ arrondissement. Les corps avaient été déposés en présence des parents et de l'autorité civile ; les cercueils étaient de chêne, et surmontés conformément aux règlements, d'une plaque numérotée et poinçonnée.

*
* *

« Le commissaire Bertin ne se doutant pas que j'étais aussi bien en règle, crut trouver là une excellente occasion de me persécuter. Peut-être aussi voulait-il donner une nouvelle représentation de la fable *du loup et de l'agneau*, et prouver aux nouvelles générations qu'aujourd'hui comme du temps du bon Lafontaine, *la raison du plus fort est toujours la meilleure*. Il prit donc pour lui le rôle du loup, me laissant celui de l'agneau.

« Aussitôt donc qu'il eût découvert ces cercueils,

il m'envoya chercher pour lui rendre raison de la présence de ces corps ; il pouvait être une heure du matin. A peine arrivé à l'église, au milieu de tous ces hommes armés qui avaient déjà arrêté le suisse, le sacristain et le bedeau, Bertin s'approcha de moi, le revolver à la main, et me dit : « Ici encore, comme dans tous les couvents et les églises, des mystères d'ignominie, des cadavres cachés ! — Monsieur le commissaire, il n'y a là aucun mystère, veuillez prendre connaissance de ces papiers. — Des papiers ! ce sont toujours les gens les plus compromis qui ont les meilleurs certificats. — Ce sont des pièces légales, une autorisation officielle. » Il les prend, les regarde, paraît fort contrarié, et reprend vivement : « Ça ne me paraît pas très-clair, mais puisque ce sont des permis de la mairie, c'est à la mairie que vous allez venir vous expliquer. » Et en même temps, il les pliait et les mettait dans sa poche, — je vous prie, lui dis-je, de me les rendre, c'est ma seule garantie et toute ma défense. — Non, je ne vous les rendrai pas. — Du moins donnez-m'en un reçu. — C'est inutile. — J'en appelle à ces messieurs, ils vous diront que je ne demande rien que de juste, et que vous devez ou me rendre mes titres, ou m'en donner un reçu. » Tous les fédérés se joignirent à moi, et il finit par me donner un reçu tout à fait insignifiant. Et comme il persistait à vouloir m'emmener immédiatement à la mairie, je dois dire à la louange des cinquante fédérés qu'ils s'y opposèrent tous sans exception. Que ne puis-je les connaître et les remercier ! Grâce à eux je pus rentrer chez moi, à deux heures du matin, et Bertin alla de son côté méditer sans doute sur les moyens de prendre sa revanche, et d'en finir avec moi.

*
* *

« Cependant le samedi matin je ne fus pas inquiété; je pus dire tranquillement la messe, et passer ensuite une grande partie de la journée à l'église. Mais le soir, vers les neuf heures, tandis que j'étais au confessionnal, je vois reparaître mon commissaire Bertin. Il est accompagné de quatre satellites armés, il vient droit à mon confessionnal, et le revolver toujours à la main, m'en fait sortir brutalement, au milieu de mes pénitents consternés. Aussitôt, déployant sa pancarte de commissaire de sûreté, il m'enjoint de le suivre à la mairie. Je me soumets, et m'y rends avec lui et ses quatre satellites. Il comptait y trouver le maire et ses adjoints, nommés *Billioray*, *Martelet* et *Decamps*, et me livrer entre leurs mains; mais ils étaient absents, et il prit sur lui de me faire renfermer sous clef dans une salle isolée où je passai toute la nuit.

« Le lendemain, 2 avril, dimanche des Rameaux, à huit heures du matin, Bertin voulant accomplir son œuvre, ouvrit la porte de ma prison, me fit monter dans un fiacre, avec un fédéré armé à côté de moi, et me conduisit lui-même au dépôt de la préfecture. Là il eut un long entretien avec Raoul Rigault, à la suite duquel je fus écroué par son collègue *Sicard*. Je n'avais rien à dire, *La raison du plus fort est toujours la meilleure.*

*
* *

« A peine installé dans ma cellule, je m'empressai d'écrire à M. l'abbé Lagarde, vicaire général, pour l'informer de mon arrestation ; et à mon
premier vicaire, chargé en mon absence, de l'administration de ma paroisse. Je vous écrivis aussi,
mon cher ami, pour vous prier de venir me voir,
ne me doutant pas que j'allais devenir la cause,
bien innocente sans doute, de votre arrestation.
J'en ai eu depuis de bien vifs regrets, et je ne me
pardonnerais pas encore mon imprudence si nous
ne devions à votre captivité la touchante *Histoire
du Capitaine Révol.*

« Le 4 avril, en effet, au moment où j'attendais
votre visite, je vous vis passer devant mon guichet,
ainsi que Mgr l'Archevêque et M. l'abbé Lagarde,
son vicaire général, pour être renfermés chacun
dans vos cellules.

« Je n'eus pas trop à me plaindre, au point de
vue purement personnel, des treize jours que je
passai au dépôt. J'étais, il est vrai, au secret le
plus absolu, mais j'étais aussi l'objet de tous les
soins et de toutes les attentions des gardiens qui
firent tout ce qui dépendait d'eux pour adoucir les
rigueurs de ma captivité.

« Ce qui m'attristait le plus, c'était de voir arriver tous les jours, des prêtres, des religieux, des
otages civils en grand nombre, ou même de simples ouvriers qui ne voulaient pas sympathiser avec
la Commune. Au bout de quelques jours, ou de
quelques heures, je les voyais partir comme vous
pour une autre destination qui m'était inconnue ;

ce qui me laissait dans une bien cruelle incertitude. Enfin le 13 avril, ce fut mon tour ; nous
partîmes ce jour là au moins trente à la fois, pour
faire place à d'autres qui allaient nous succéder,
et on nous conduisit à la prison de Mazas pour y
attendre notre sort. Notre captivité y fut beaucoup
plus dure qu'au dépôt, la consigne plus sévère, les
promenades plus isolées. Pendant le temps que j'y
suis resté, c'est-à-dire du 13 avril au 5 mai, je n'ai
pu parler une seule fois à un seul de mes confrères.

*
* *

« Mais au dehors beaucoup d'efforts furent faits
pour ma délivrance. Ce fut d'abord une pétition de
ma paroisse, couverte dans un jour de plus d'un
millier de signatures et adressée à qui de droit, si
droit il y avait ; elle eut l'honneur du panier. Certaines personnes courageuses et dévouées firent
aussi en ma faveur d'actives démarches, auprès
des puissants de la Commune. Grâce à ces démarches, je reçus la visite d'un jeune homme du nom
de *Moiré*, juge d'instruction, attaché à Protot. Il
venait m'offrir ma liberté moyennant un cautionne-
ment de mille francs ; mais je ne voulus pas accepter une telle condition. Quelque temps après, ma
liberté fut mise à un plus haut prix ; *Protot* me fit
demander deux mille francs. Je refusai encore, il
me répugnait de me racheter ainsi moi-même à
prix d'argent ; c'eut été d'ailleurs autant de moins
pour mon église et pour mes pauvres. Dieu m'en
récompensa en m'ouvrant une autre porte.

« En effet, le 5 mai, à quatre heures du soir, je fus

appelé, à ma grande surprise, dans le cabinet d'un
autre juge d'instruction. Je ne le connaissais pas,
je ne l'avais jamais vu, mais je lui avais été fortement recommandé, et il me voulait du bien. Dès
que je me présentai devant lui, « Je suis, me dit-il,
le baron Coppins, juge d'instruction de la Commune ; j'ai déjà délivré quatre-vingt-six otages,
vous ferez, j'espère, le quatre-vingt-septième.
mais ne perdons pas de temps : êtes-vous bien
l'abbé Blondeau, curé de Plaisance ? — Oui, monsieur le baron. — Eh bien ! je connais votre affaire,
on n'aurait pas dû vous arrêter, c'était tout à fait
illégal. Je viens en conséquence d'ordonner la levée
de votre écrou, partez de suite, de suite, de suite.
On aurait dit à son ton et à son insistance qu'il
craignait que le moindre retard ne me fut préju-
diciable. Je lui demandai si je pouvais sortir en
soutane. « Non, me répondit-il, vous vous expo-
seriez à vous faire arrêter de nouveau, et il pourrait même vous arriver pire encore. Je vous recommande surtout expressément de ne pas rentrer
dans votre paroisse. » Un brave gardien m'ayant
donc prêté ses habits, je sortis bien vite de Mazas
et j'allai me réfugier chez un de mes amis où je
passai la nuit.

*
* *

« Le lendemain matin, un autre Monsieur que
je ne connaissais pas plus que le baron Coppins,
mais qu'on avait aussi intéressé à moi, un indus-
triel du faubourg Saint-Antoine, M. B., vint me
trouver dans mon refuge, et m'offrit de me faire
sortir immédiatement de Paris. Comme il y avait

autant de danger peut-être à sortir qu'à rester, je lui demandai comment cela pourrait se faire. Il me répondit : « Ecoutez-moi bien ; je suis chef d'ambulance, et vous, vous êtes sous mes ordres, ambulancier de la Commune. Vous ne vous appelez plus Blondeau, mais Chéron, et vous portez le n° 372 auquel vous répondrez ; voici votre carte, voici votre brassard ; n'oubliez pas votre nom et votre numéro. »

« Sous ce nouveau titre, je partis avec lui en voiture découverte ; nous traversâmes une grande partie de Paris, sans trouver d'obstacles ; nous passâmes devant la prison de Mazas que j'avais quittée la veille, et sans nous arrêter, exhibant seulement, aux portes de la ville, nos cartes d'ambulance, nous arrivâmes d'un trait à Charenton ou me laissa mon brave chef d'ambulance. J'ai su depuis que pendant la durée de la Commune, M. B. en a fait sortir plus de cinq cents. Pour moi, je restai à Charenton chez l'aumônier de la maison de santé qui voulut bien me donner l'hospitalité. Dans ce lieu de mon exil, j'eus bientôt la douleur d'apprendre que mon domicile avait été violé et pillé, surtout le magasin de mes pauvres où j'avais réuni d'abondantes provisions de linge, de vêtements et de denrées. J'appris aussi qu'on s'était emparé de mon église, après l'avoir dévastée, qu'on en avait interdit l'entrée aux fidèles, et que les portes, restées fermées toute la journée, n'en étaient ouvertes que le soir pour y tenir un club, y chanter la *Marseillaise*, et y faire entendre les discours les plus impies et les plus incendiaires.

*
* *

« Enfin le 6 juin, les portes de Paris ayant été ouvertes, je rentrai de bon matin dans ma paroisse
et dans mon église ; j'eus la consolation d'y retrouver mes vicaires à qui Dieu n'avait pas non
plus ménagé les épreuves, et de dire la messe en
présence d'un grand nombre de fidèles unis à leur
pasteur pour remercier Dieu de sa délivrance.
J'appris bientôt toutes les ferventes prières que
mes pieux paroissiens avaient adressées au ciel
pour moi, et en particulier le vœu qu'avaient fait
en mon nom de saintes religieuses qui habitent les
confins de ma paroisse. C'est pour accomplir ce
vœu que je fis un peu plus tard le pèlerinage que
vous savez à Notre-Dame du Sacré-Cœur d'Issoudun.

« Voilà, mon cher ami, le récit bien imparfait
d'ailleurs que vous m'avez demandé. Ce n'est pas
sans une grande consolation que je raconte quelquefois ou que j'écris toutes ces choses, car il me
semble alors qu'en les redisant, je chante à
Dieu un hymne de reconnaissance. Malgré cela,
je suis tout à fait de votre avis, mon cher abbé, et
j'estime mille fois plus heureux ceux qui ne peuvent pas raconter leur martyre. Puissions-nous un
jour les rejoindre !

« En attendant ce jour très-heureux, le meilleur
de tous, recevez, cher ami et confrère, etc.

« F.-T. BLONDEAU.
« Curé de Plaisance. »

Pièce justificative C.

Nous trouvons l'article suivant dans le *Journal Officiel* du 16 juin 1871.

M. Coré, directeur du dépôt de la Préfecture de police, n'ayant pas voulu reconnaître l'autorité du Comité central, fut enfermé le 20 mars dans sa propre prison. Mme Coré resta cependant quelque temps encore dans l'appartement occupé précédemment par son mari.

Quelques jours après, **M.** le président Bonjean fut amené. Mme Coré put avoir avec lui plusieurs entretiens et lui prodiguer tous les adoucissements que sa situation dans la prison lui permettait de répandre autour d'elle.

Le 4 avril, à cinq heures et demie du soir, l'Archevêque, sa sœur et plusieurs ecclésiastiques furent également incarcérés au dépôt.

Mme Coré se mit aussitôt à leur disposition pour leur faire avoir du linge, des aliments, de l'argent et dès le lendemain l'Archevêque, par la lettre suivante, lui en exprimait sa reconnaissance :

« Madame,

« Combien je suis touché des sentiments religieux et français que vous voulez bien m'exprimer ! je vous prie d'en agréer mes remercîments. Je vous remercie surtout de songer à ma sœur, qui partage ma captivité, on ne sait pourquoi. Tout ce que vous aurez la bonté de faire pour elle m'ira au cœur, et je me ferai un devoir de vous en tenir compte ici-bas, si j'y reste, ou là-haut, car on ne m'empêchera pas d'y aller. Je ne puis la voir, mais j'aurais l'intention de demander son élargissement au délégué chargé de sauvegarder la liberté individuelle. Seulement, je ne sais pas ce qui se passe, et tout va si vite que ce n'est peut-être déjà plus M. Protot qui fait ce service. Je recevrais volontiers vos indications à ce sujet.

« Ma sœur a été très-sensible à vos bons soins et vous demandera la permission de s'en souvenir. J'ai connu tout de suite l'épreuve envoyée à M. Coré, et j'y ai pris une part bien vive à raison des qualités qu'il déployait dans sa mission.

« Permettez-moi de vous encourager à supporter ces chagrins qui finiront bientôt, je l'espère, et veuillez, si c'est possible, lui offrir mes condoléances.

« Je prendrai la liberté de profiter de vos offres si c'est nécessaire ; je suis reconnaissant de ce que vous avez déjà fait pour ma sœur et pour moi.

« Veuillez, Madame, agréer l'hommage de mes sentiments respectueux et dévoués.

« Signé : **G.**, *Archevêque de Paris.* »

Le 6 avril, ayant appris que l'Archevêque, M. Bonjean, M. Coré et plusieurs prêtres devaient quitter le dépôt pour être transférés à Mazas, Mᵐᵉ Coré s'empressa de les prévenir et voici en particulier les détails de l'entrevue qu'elle eut avec l'Archevêque.

Mgr Darboy se leva, se découvrit et vint lui prendre les deux mains.

« Monseigneur, lui dit-elle, vous partez pour Mazas.

— Je le sais, répondit-il.

— Du courage, Monseigneur ; et ne vous formalisez pas de ce que je vais vous dire : Vous êtes sans doute sans argent ? » Sur un signe affirmatif de l'Archevêque :

« Voulez-vous me faire le plaisir et l'honneur de partager avec moi ?

— Oui, mon enfant, j'accepte et je vous remercie, mais j'attends encore de vous un service bien plus important ; je laisse ici ma sœur captive, pouvez-vous me promettre d'être sa sœur pendant la durée de ces terribles événements ? »

Mme Coré lui en donna l'assurance, et tout en larmes se mit à genoux.

L'Archevêque étendit les bras et la bénit.

A sept heures il montait dans la voiture cellulaire, et partait pour Mazas. Sans perdre de temps, Mme Coré se rendit chez le restaurateur Butelot, domicilié près de Mazas, et lui donna des instructions pour que, par l'intermédiaire des commissionnaires accrédités pour cette besogne, les nommés Huguet et Millet, l'Archevêque, M. Bonjean et M. Coré reçussent, matin et soir, les aliments qu'ils demanderaient et qu'on pouvait leur apporter du dehors, selon le règlement de la prison.

Elle prit en même temps des mesures pour que du linge de sa maison leur fût fréquemment remis.

Dès le premier repas qu'il fit à Mazas, Mgr Darboy vit bien que la personne qui veillait sur lui était là ; il envoya un billet à M. Bonjean, son voisin, avec ces mots : « Notre bon ange nous suit ; avez-vous reçu votre repas quotidien ? »

Ce fut ainsi que, du 6 avril au 22 mai, l'Archevêque fut l'objet de tous les soins qu'il était humainement possible de lui prodiguer du dehors. Et de plus, Mme Coré, secondée par M. Picard qui lui avait offert un asile, rue de Richelieu 43, fit alors, jour par jour, heure par heure, les efforts les plus courageux, les plus ingénieux, pour soulager le sort des malheureux otages. Deux fois elle fut menacée dans sa liberté, comme il résulte des notes trouvées dans les bureaux du dépôt ; mais ni les menaces ni les difficultés n'ébranlèrent son dévouement.

Dans les derniers temps, elle avait obtenu la permission de voir son mari deux fois par semaine.

A plusieurs reprises, elle vit l'Archevêque par la lucarne de sa cellule, et elle lui fit parvenir des nouvelles de sa sœur qui, transférée à Saint-Lazare le 6 avril, n'avait pas tardé à être mise en liberté et s'était réfugiée à Nancy, d'où elle correspondait avec Mme Coré : c'était là la grande consolation de l'Archevêque, le service qui allait le plus à son cœur.

Aussi, le 22 mai, au moment de monter en voiture, pour être transféré à la Roquette avec d'autres otages, Mgr Darboy ayant aperçu le commissionnaire Millet, éleva la voix, et lui dit en le regardant : « N'oubliez pas rue Richelieu 43 ; de mes nouvelles là-bas, avec toutes mes bénédictions. »

E. DE SOYE

IMPRIMEUR

5, PLACE DU PANTHÉON 5

À PARIS

Paris, le vendredi 2 février 1877

Composition de la typographie des sociétés,

Monsieur,

Je forme les plus respectueux [...] liberté [...]
[...] que je viens [...] d'une [...]
[...] que l'on [...]
[...]
de [...] que [...]
à votre [...]

Je viens de nouveau vous [...] de
[...] l'archevêché et de [...]

vous lez combien je vous prie — —
  vous pouvez Disposer de moi comme —
Je vous l'ai promis.

Je prie Dieu qu'il veille sur
vous !

L. de Surg

Pièce justificative D.

Le vendredi 31 mars, Mgr Darboy avait reçu de M. le directeur de la *Semaine religieuse de Paris* la lettre suivante :

« Paris, vendredi 31 mars 1871, dix heures du matin.

« Monseigneur,

« Je prends la respectueuse liberté de vous prévenir que je viens d'entendre dire par les gardes nationaux qui sont de piquet sur la place du Panthéon, près des fenêtres de mon imprimerie, qu'il va être procédé à votre arrestation.

« Je viens de nouveau vous supplier de quitter l'archevêché et de prendre les mesures nécessaires pour vous garantir d'un pareil attentat.

« Vous savez combien je vous suis dévoué, vous pouvez disposer de moi comme je vous l'ai promis.

« Je prie Dieu qu'il veille sur vous !

« E. De Soye »

Le capitaine Révol trouva cette lettre sur le bureau de Mgr l'Archevêque et la remit au commandant du piquet d'arrestation, le 4 avril. On rechercha l'auteur de la lettre, qui heureusement put s'échapper quelques jours plus tard, et sa sortie de Paris fut favorisée par M. Dieu, négociant de la rue Feydeau, à qui M. De Soye, garde une éternelle reconnaissance.

Pièce justificative E.

Voici comment on avait cru que j'étais au nombre des victimes de la Commune. Plusieurs personnes de mon quartier que je connais et qui me connaissent, ayant vu passer sous leurs fenê-tres les malheureux otages que l'on conduisait à Belleville, et trompées par un certain air de res-semblance, prirent le saint abbé *Planchat*, l'un des martyrs de la rue Haxo, pour l'aumônier de la Roquette; et, convaincues que j'étais tombé sous les balles des assassins, elles répandirent le bruit de ma mort. La nouvelle passa bien vite dans les autres quartiers, traversa les fortifications, et annoncée par quelques journaux, elle arriva dans les départements. Heureusement pour ma famille, pour mes amis et pour moi, elle fut bientôt dé-mentie.

Du reste, je n'avais pas à craindre le sort de cet infortuné *Lopez*, qui eut un jour, pour éprouver l'amitié des siens, la singulière fantaisie de se faire passer pour mort. Il fit donc semblant d'être malade, il fit semblant de mourir, et un domes-tique dévoué qu'il avait mis dans la confidence fit semblant de l'ensevelir; et tandis que ses funé-railles se célébraient avec une grande pompe dans la cathédrale de Séville, il se mettait en route pour les colonies espagnoles. Après y avoir passé plu-sieurs années, croyant l'épreuve assez longue, il revint dans sa patrie, dans sa maison, dans sa fa-mille qu'il supposait inconsolable. Mais, hélas!

personne, absolument personne, excepté son chien,
ne voulut le reconnaître; on le fit passer pour un
fou ou pour un escroc, on le chassa ignominieuse-
ment de la maison, et on parvint même à le
faire enfermer jusqu'à la fin de sa vie. Plus
heureux que lui, loin d'être méconnu de mes
parents, de mes amis, j'ai eu le bonheur de les
retrouver plus dévoués, plus affectionnés encore
qu'avant ma captivité, et nul que je sache, n'a eu
la moindre velléité de me faire passer pour le sosie
de l'abbé Crozes.

Il n'en est pas moins vrai que pendant plusieurs
jours on crut généralement que j'étais mort, et la
nouvelle paraissait si certaine que le 29 mai,
M. l'abbé Roche, ancien chapelain de Sainte-
Geneviève, ancien premier aumônier de Louis-le-
Grand, aujourd'hui premier aumônier de la maison-
mère des Frères des Ecoles chrétiennes, et prédica-
teur bien connu et justement apprécié, prononça à
Lagny mon oraison funèbre devant un nombreux
auditoire qu'il a, m'a-t-on dit, profondément ému.
Tant il est vrai que pour certains talents aucun
sujet n'est ingrat! aussi j'ose compter encore sur
son amitié pour le jour où parti de ce monde, cette
fois sans billet de retour, il pourra dire sur ma
tombe tout le bien que j'aurais dû faire, toutes les
vertus que j'aurais dû pratiquer; brochant de son
mieux, pour en serrer la trame, le tissu beaucoup
trop clair de ma vie, et surtout demandant pour
moi ce concours de saintes prières qui pourront
peut-être m'obtenir de Dieu le pardon et la miséricorde.

Pièce justificative F.

M. de Rochefort a bien voulu enfin rompre un silence que lui imposait depuis si longtemps une délicatesse par trop exagérée. Voici en effet la lettre qu'il m'a tout récemment fait l'honneur de m'écrire, et qui confirme, avec des détails nouveaux et bien précieux pour moi, ce que savent déjà mes lecteurs.

« Citadelle de Saint-Martin de Ré, 15 octobre 1872.

« Monsieur l'abbé,

« J'ai lu avec un intérêt soutenu le récit que vous avez bien voulu m'adresser de votre captivité sous la Commune. La lettre que vous joignez à votre envoi, et les pages que vous consacrez à ce que je n'ai pas fait, mais à ce que j'aurais voulu faire pour vous m'ont particulièrement touché. Si je me suis bronzé depuis dix-sept mois contre les injures... je n'ai pas eu beaucoup à me défendre contre les remerciements. Les vôtres m'ont été au cœur, bien que j'y eusse peu de droits, car j'ai été involontairement plus coupable à votre égard que vous ne pouvez le supposer.

« A la réception de votre lettre, datée du 10 avril 1871, voici le mot que j'ai immédiatement écrit à M. Cournet, alors délégué à la sûreté générale et que j'avais assez vu à la commission des barricades dont il était membre, et dont j'étais président sous la défense nationale, pour le croire disposé à m'obliger :

« Cher citoyen Cournet,

« Je reçois à l'instant de l'abbé Crozes, que je
« ne connais pas, une lettre où il me rappelle que
« j'ai autrefois parlé favorablement de lui dans un
« article. J'ai complétement oublié l'article en
« question, mais telle qu'elle est, la lettre m'a
« ému. Il paraît que ce brave abbé vient d'être
« arrêté sans motif plausible. Je vous en prie,
« mon cher Cournet, employez-vous donc à le
« faire mettre dehors le plus promptement pos-
« sible. Il est âgé et il ne conspire pas. Que diable
« lui veut-on?

« Je compte sur vous et je vous serre la main.

« Henri ROCHEFORT. »

. . . .
. . . . , . . .

« Deux ou trois jours après avoir écrit à Cournet,
je suis allé à la préfecture de police où j'ai été reçu
poliment par un très-jeune homme qui a répondu
textuellement à mes instances ces mots singuliers :

« Il nous est impossible de rien faire, l'abbé
« Crozes fait partie des *prisonniers particuliers* du
« citoyen Raoul Rigault. »

« Cet argument m'a exaspéré au point que je me
suis laissé aller à des paroles violentes que je ne
répéterai pas, car on peut les dire à des vainqueurs,
mais non à des vaincus. L'employé qui me savait à
la tête d'un journal redoutable, me promit alors
de soumettre ma réclamation à Raoul Rigault, et

me donna presque positivement l'assurance d'une solution favorable.

« Je crus pendant longtemps que vous aviez été mis en liberté, mais ne recevant de vous aucun signe d'existence, je conçus quelques doutes sur le succès de ma démarche, et vers la fin de la Commune, le 12 ou le 13 mai je crois, je pris en sortant du journal, vers les deux heures du matin, une voiture qui me conduisit à la Roquette.

« C'est alors Monsieur, que ma distraction a tout gâté. Vous m'aviez écrit que vous étiez enfermé à Mazas, mais votre titre d'aumônier de la Roquette a eu cet effet déplorable que les deux prisons se sont confondues dans mon esprit et que je me rendis à la dernière avec l'idée arrêtée que vous y étiez détenu.

« Je réveillai un gardien, qui dormait dans une salle basse située à gauche au rez-de-chaussée, et je lui adressai cette question :

— « Est-ce que vous avez ici l'abbé Crozes?

« A quoi il me répondit :

— « Il y a longtemps qu'il n'y est plus.

« Savait-il que vous étiez à Mazas? Je l'ignore. Quant à moi je partis convaincu que Cournet vous avait rendu à la liberté; et j'ai appris avec la plus grande surprise, et seulement lorsque j'étais dans la prison cellulaire de Versailles, les dangers que vous aviez courus dans les derniers jours de mai.

« Vous voyez, Monsieur, combien est restreinte la gratitude que vous pensiez me devoir. Le peu que j'ai essayé de faire pour vous, j'ai eu le talent de le terminer par une maladresse. J'aurais été cerainement bien heureux de contribuer à votre délivrance. Car quoiqu'on débite sur mon compte; et à en juger parce que j'ai lu, vous devez en entendre de belles, j'ai la conscience d'être et je resterai un sincère ami de la liberté. . . . .

. . . .

« Permettez-moi, en terminant, de vous rendre hommage pour le peu d'animosité, je puis dire la mansuétude qué vous témoignez aux auteurs de votre arrestation. Toutes les âmes ne sont malheureusement pas aussi généreuses que la vôtre.

« Veuillez agréer, Monsieur l'abbé, l'expression « de mes sentiments les plus distingués.

« Henri ROCHEFORT. »

SUPPLÉMENT

DONNÉ PAR L'ÉDITEUR

Le 10 mai dernier a paru dans *le Figaro* un portrait de M. l'abbé Crozes dont l'auteur est un profond et spirituel écrivain et l'un de nos plus honorables amis. Désirant lui donner une place dans cette nouvelle édition, nous en avons demandé l'autorisation à M. l'abbé Crozes; un moment nous avions craint un refus, nous nous sommes heureusement trompés, voici sa réponse

Mon cher Monsieur,

Quand on a déjà publié, sans le consentement préalable de leurs auteurs, les six précieuses lettres que vous savez, on aurait mauvaise grâce à en refuser une septième, surtout quand celui qui l'a signée de son nom de guerre *Ignotus*, n'est rien moins qu'un très-honorable membre du Conseil général d'un grand département, et le secrétaire de ce conseil. Il me semble même que les rôles sont ici intervertis; car ce serait plutôt à moi à demander à M. Platel la permission de publier dans mon livre le portrait si remarquable dont il m'a honoré dans *le Figaro*.

9.

*
* *

Cependant, je l'avoue, il y a dans ces pages de
mon brillant portraitiste, des éloges tellement exa-
gérés de mon humble personne, qu'un sentiment
de pudeur facile à comprendre ne me permettrait
pas de les accepter sans quelque retouche. Veuillez
donc engager l'éminent écrivain, je devrais dire
l'éminent artiste, à mettre quelques ombres à son
tableau, à ne pas me placer sur un piédestal trop
élevé, et à attendre au moins que je sois mort pour
ceindre mon front de l'auréole des saints. Priez-le
en même temps d'avoir un peu plus d'indulgence
et de ménagement pour les malheureux égarés ou
criminels de la Commune, et de s'inspirer un peu
à cet égard, si cela lui est possible, de l'esprit et
de la physionomie de mon livre.

*
* *

Mais vous connaissez mes habitudes, mon cher
Monsieur de Soye, vous savez que je ne puis écrire
seulement un mot, sans essayer en même temps de
philosopher un peu à ma manière. C'est une vieille
manie dont je ne me corrigerai sans doute jamais,
et qu'aujourd'hui du moins je tiens à satisfaire.

Depuis donc que mon portrait si finement tracé,
si richement encadré, mais en même temps si flatté,
a paru dans *le Figaro*, je me suis dit bien des

fois, en me regardant et en me comparant au portrait : Ah! si les hommes voyaient! si les hommes
savaient! Si quelque malin retournait la médaille
pour leur en montrer le revers! mais je me suis
bientôt tranquillisé : Les hommes ont toujours été
fort indulgents pour moi, pourquoi ne le seraient-
ils pas encore? et puis les journaux ne sont-ils pas
aujourd'hui pour tous parole d'évangile? et pourra-
t-on me supposer des vices ou même des défauts,
quand *le Figaro* ne trouve en moi que des qualités
et des vertus?

*
* *

Tranquille du côté des hommes, mais semblable
au voleur qui croit partout voir le gendarme, mon
esprit s'est dit : s'il prenait fantaisie à mon ange
gardien de se faire une fois journaliste, ne serait-
ce que pour répondre à M. *Ignotus*, et pour
apprendre sur mon compte à ses lecteurs bien des
choses qu'il ne leur dit pas! Mais repoussant dé
suite cet injurieux soupçon, j'en ai demandé pardon
à mon bon ange. Cet ange du ciel qui veille sur
moi depuis bientôt soixante-douze ans, qui a quitté
depuis tant d'années les splendeurs et les joies du
Paradis pour devenir sur la terre le compagnon de
mon exil, et pour conduire ma faible nacelle à travers les écueils et les tempêtes, cet ami fidèle qui
m'a toujours aidé, soutenu, encouragé, relevé et si
souvent pardonné, qui pense à moi, même quand

je ne pense pas à lui, comme une mère à côté de
son enfant qui dort; cet ange enfin, témoin assidu
de tous les combats de ma vie, et qui bientôt recevra mon dernier soupir, cet ange, j'en suis certain, sera aussi discret jusqu'à la fin qu'il l'a été
depuis le commencement, il se rendrait plutôt complice de ceux qui me louent, et dans tous les cas
je suis bien sûr que si jamais on dit du mal de
moi, ce n'est pas de lui qu'on l'aura appris.

*
* *

Enfin j'ai rencontré dernièrement un de mes
amis, homme d'esprit et un peu sceptique, qui
avait lu mon portrait dans *le Figaro*, et qui s'empressa de m'en parler. — Heureusement pour moi,
lui dis-je en souriant, le bon Dieu ne lui enverra
pas un *Communiqué*. — Qu'en savez-vous, me
dit-il? — Votre question, mon cher ami, a plus
d'importance que vous ne croyez peut-être, et
embarrasserait bien des philosophes. Mais si vous
voulez que j'y réponde sérieusement, je vous dirai
qu'en effet je le sais. Je le sais parceque j'ai longtemps étudié et approfondi cette loi si mystérieuse
du silence de Dieu envers ses créatures, cette
énigme redoutable jetée à la raison; et je me suis
convaincu que, si Dieu, dans le gouvernement
extérieur des choses de ce monde, garde le plus
profond silence, c'est que sa bonté et sa sagesse
infinies le lui commandent. Or comme il sera tou-

jours infiniment bon, infiniment sage, je puis toujours être assuré de son silence.

*
* *

C'est là précisément ce que ne comprennent
pas, faute de réflexion, nos légers sceptiques, nos
athées inconscients qui nient Dieu, ou qui y croient
à peine, pourquoi? Parce que, petits êtres micros-
copiques, nés d'hier pour mourir demain, ils veulent mesurer à leur propre mesure, l'Être im-
mense, éternel, infini en toutes choses. Ne pouvant
alors s'expliquer ce silence d'un Dieu qui entend
tous les jours, sans paraître s'en émouvoir, nos
blasphèmes et nos impiétés; d'un Dieu qui, depuis
le commencement du monde, reste l'impassible témoin de nos crimes, de nos trahisons, de nos infa-
mies, de nos vies souillées par tant de vices et
d'ignominies, de ce silence dont ils ne veulent pas
sonder la mystérieuse profondeur et la sagesse
infinie, ils concluent qu'il n'y a point de Dieu.
Semblables aux Juifs qui disaient au Crucifié du
Calvaire : *Si tu es le Fils de Dieu, descends de
la croix, et nous croirons en toi*, ils disent à
Dieu : Si tu existes, parle, et nous croirons en toi.
Et malgré ces insolentes provocations, Dieu continue à s'enfermer dans son silence, comme Jésus
à rester sur la croix. — C'est vrai, me dit alors mon
ami, en m'interrompant, je ne demande à Dieu

qu'un mot, un seul mot, et demain, je vous le jure, je vais à confesse. — J'accepte pour le moment votre bonne résolution, mais laissez-moi vous rappeler ici ces beaux vers de Le Franc de Pompignan qui vont si admirablement à mon sujet :

> Le Nil a vu sur ses rivages
> Les noirs habitants du désert
> Insulter par leurs cris sauvages
> L'astre éclatant de l'univers,
> Cris impuissants, fureurs bizarres ;
> Tandis que ces monstres barbares
> Poussaient d'insolentes clameurs,
> Le Dieu poursuivant sa carrière,
> Versait des torrents de lumière,
> Sur ses obscurs blasphémateurs.

A la place du soleil mettez Dieu avec son majestueux silence, mettez les libres-penseurs à la place des noirs habitants du désert, les bords de la Seine au lieu des rivages du Nil, et Le Franc de Pompignan aura dit en beaux vers ce que je vous ai dit en mauvaise prose.

*
* *

Mais je reviens, mon cher ami, à ce que vous me disiez tout à l'heure, et si Dieu ne parle pas, permettez-moi de parler à sa place. Vous savez comme nos athées et nos sceptiques profitent largement de cette patience de Dieu, de ce silence de Dieu, de cette inviolable liberté de tout faire qu'il leur laisse

envers et contre tous, vous savez comme ils en profitent pour vivre à leur aise, pour faire tout le mal
qu'il leur plaît, et pour tranquilliser leur conscience
en niant Dieu, ou en disant qu'il a trop à faire pour
s'occuper de nous. Eh bien, mon cher ami, si un
ange venait leur annoncer à chacun en particulier
que dans un journal, ayant pour titre *le Révélateur*,
et tombé chaque jour du ciel, comme la manne des
Hébreux dans le désert, que dans ce journal, Dieu
lui-même, poussé à bout par nos impiétés, et n'ayant
plus que la courte patience des hommes, va enfin
parler au lieu de se taire, et qu'il va y révéler les
mystères les plus secrets et les plus cachés de
leur vie. Ah! je ne crains pas d'affirmer que tous
sans exception, se mettraient à genoux, aux
pieds de l'ange (même ces honnêtes gens du monde
qui aiment à dire : *moi, ma conscience ne me
reproche rien*) pour le supplier les mains jointes
de ne pas mettre leur nom dans le journal, ni
même leur initiale, et s'offriraient même à payer
tout ce qu'on voudrait pour acheter le silence du
Révélateur.

*
* *

Mon cher abbé, me répondit mon ami, je veux
être franc avec vous; je ne suis pas plus mauvais
qu'un autre, et cependant je vous avoue que je
payerais bien cher le silence du journal, ne serait-
ce que pour un tas de petites bêtises que pour
rien au monde on ne voudrait faire savoir à per-

sonne, pas même à nos plus intimes amis. —
Alors, mon cher, pourquoi vous plaindre de ce
silence de Dieu? Remerciez-le plutôt, comme moi,
d'un silence que nous payerions si cher et qui ne
nous coûte rien, adorons-le même ce silence parce
que c'est le silence d'un Dieu, bénissons-le parce
que c'est le silence d'un père.

*
* *

Et puis j'ajoutai : du reste, ce silence ne sera
pas éternel. Un jour viendra, plutôt peut-être que
nous ne croyons, où en face de l'univers assemblé,
Dieu sortant enfin de son trop long silence, par-
lera, dévoilera, révélera. Alors s'accomplira cette
parole de Jésus-Christ, *il n'y a rien de caché qui
ne doive être révélé, rien de secret qui ne doive
être connu.* (S. Mathieu, x.) Puisse-t-il en ce jour
des grandes révélations, des grandes réparations,
des grandes justices, garder sur vous et sur moi
le silence d'un miséricordieux oubli! c'est une
affaire à régler d'avance avec lui en ce monde, il
serait trop tard dans l'autre. — Mon ami avait compris, il m'embrassa, et me promit de revenir dans
quelques jours.

L'abbé Crozes.

P.-S. — Craignant que ma thèse sur le silence
de Dieu soit mal interprétée par les lecteurs ins-
truits et réfléchis, j'ai hâte de déclarer que ce

silence ne l'a jamais empêché, ne l'empêche pas
encore de parler à notre conscience, de lui parler
souvent, de lui parler sans cesse. Mais dans sa
bonté souveraine, ou peut-être quelquefois dans sa
justice, il le fait si doucement, si *pianissimo*, que
le bruit de sa voix ne pourrait arriver à l'oreille du
plus habile auscultant penché sur notre poitrine ;
et il y met tant de précautions et de ménagements
qu'il nous est facile de faire les sourds, d'avoir l'air
de ne pas l'entendre, et que nous pouvons soutenir
hardiment et avec une apparence de bonne foi qu'il
ne nous a rien dit. Ce qu'il y a de certain, c'est
que cette voix de Dieu, si retentissante qu'elle soit
quelquefois au-dedans de nous, cette voix n'a point
d'écho au-dehors, Dieu n'en laisse rien transpirer
hors de nous, il se renferme avec nous et nous renferme avec lui dans un silence à tout autre qu'à
nous impénétrable. Quelquefois peut-être la rou-
geur du front nous trahira, mais Dieu, quelque
coupables et pervers que nous soyons, ne nous
trahira jamais. Et si touchés de remords nous vou-
lons revenir à lui et nous jeter dans ses bras, il
sera le premier à nous recommander le silence, et
il voudra, qu'on me pardonne cette expression
vulgaire et triviale, que nous lavions notre linge
sale en famille, sans autre témoins que lui et notre
conscience, notre ange et notre confesseur. Si un
grand nombre de convertis, depuis saint Augustin, jusqu'à Paul Féval, ont fait publiquement leur
meâ culpâ, Dieu a bien pu le leur permettre,

ou même le leur inspirer, mais il ne l'a pas
ordonné.

*
* *

J'ajoute que Dieu ne s'est pas contenté de parler
à la conscience des hommes, mais que depuis le
commencement du monde il a fait entendre hautement sa parole, qu'il a révélé à l'homme des vérités
qu'il tenait à nous faire connaître, qu'il a parlé à
nos premiers parents, à Caïn, aux anciens pa-
triarches, à Noé avant et après le déluge, à Abraham, Isaac et Jacob, à Moïse, le grand législateur,
à Samuel et à tous les prophètes, et enfin par son
fils unique Jésus dont les évangélistes et les apôtres nous ont transmis les divins enseignements.
Quel beau livre l'on pourrait faire sous ce titre :
Dieu parlant aux hommes! et comme il a mille
manières de leur parler, je voudrais indiquer ici à
des écrivains de talent le plan d'un ouvrage où ils
résumeraient tous les faits surnaturels d'une manière aussi utile qu'intéressante :

1° Apparitions de Dieu dans l'Ancien-Testament ;
2° Apparitions et enseignements de son fils Jésus-
Christ ;
3° Apparitions des Anges ;
4° Apparitions de la sainte Vierge et des Saints ;
5° Apparitions des démons ;
6° Apparitions des morts ;
7° Enfin la grande voix des miracles.

Le temps et le talent me manquent pour remplir
ce cadre, j'ose espérer que d'autres le rempliront.
Je sais qu'il y aura toujours des impies qui ne
voudront ni voir, ni entendre ; car il ne suffit pas
d'avoir des yeux pour voir, il faut encore les ouvrir
à la lumière, il ne suffit pas d'avoir des oreilles
pour entendre, faut-il encore ne pas les fermer.
Mais il en est heureusement d'autres qui ne de-
mandent pas mieux que de voir et d'entendre, et
à qui on n'aura qu'à dire cette parole qui a converti
saint Augustin : *tolle, lege, prenez et lisez.*

*
* *

Mais après ces excursions, ou plutôt ces causeries, plus ou moins philosophiques, il est temps,
mon cher Monsieur, que je revienne à vous ; car
vous devez être impatient de publier le portrait
en question, ce portrait auquel je voudrais si
bien ressembler. Les uns l'admireront, et ils n'au-
ront pas tort, d'autres le critiqueront peut-être,
et non pas sans raison, mais Dieu, c'est l'important pour moi, le couvrira de son silence.

L'abbé Crozes.

EXTRAIT DU *FIGARO*

10 MAI 1877

L'ABBÉ CROZES

Je vous dis que cette figure de prêtre est une trouvaille pour un portraitiste.

L'aumônier de la Grande-Roquette a fait son séminaire à Saint-Sulpice, de 1826 à 1830. C'était alors un petit abbé, vif, fluet, aux gestes et à l'accent méridionaux. Chapelain du prince de Polignac, avant la Révolution de Juillet, il fut bientôt après nommé vicaire à Saint-Roch, puis à la Madeleine, il était de ceux qui sont prédestinés aux bas violets. Mais une passion le perdit. Il eut, comme saint Vincent de Paul et d'autres saints, la passion des plaies humaines. Il aimait descendre l'échelle mystérieuse qui s'appuie à la vase humaine, pour y pêcher des âmes. Après être entré, en 1840, comme aumônier à la prison de la Petite-Roquette des jeunes détenus, il descendit plus au fond du crime et entra à la Grande-Roquette. Là, il lui était impossible d'aller plus bas, c'est pourquoi il y resta. Sa vie s'est écoulée autour de cette place de la Roquette et en face de l'*Abbaye*

10.

de Saint-Pierre. C'est ainsi qu'en argot on appelait l'ancienne guillotine, dont les *cinq poteaux*, enfoncés en cinq trous, étaient recouverts, quand elle n'était plus là, par *cinq grosses pierres* de granit fort distinctes — vous comprenez maintenant : L'*Abbaye de cinq pierres!*

*
* *

L'abbé Crozes dit qu'il est aujourd'hui le doyen des prisons. Un plus ancien que lui, vieux brigand de grande route, est mort, l'an dernier, au bagne. Vous voyez déjà une note de ce tempérament. Elle est gaie. Son esprit a conservé une sérénité enjouée. Plus qu'aucun homme de notre temps, il a plongé au fond des abîmes. Il est remonté avec un sourire. C'est qu'il revient aussi avec des âmes accrochées à sa soutane. Vous avez souvent rencontré dans la rue ce petit abbé décoré. Il va à pied par tout Paris visiter les familles de ses clients. Souvent il tient à la main un mouchoir de couleur plié en forme de sac. Il y met les petits objets qu'une mère, une femme ou une sœur envoient au criminel qu'elles seules peuvent encore aimer; et dont un seul homme au monde veut bien être le porteur. Depuis vingt ans, l'abbé Crozes est à la Grande-Roquette. Comptez sur vos doigts le nombre des criminels qu'il a accompagnés jusqu'à l'échafaud. Il est resté pendant de longues heures en tête à tête avec plus de deux cents condamnés à mort, en comptant les graciés. Cependant il ne faut point s'étonner que personne n'ait fait son portrait. Le plus petit bruit de publicité l'effarouche et le fait enfuir. C'est difficile que de faire au vol le portrait d'une hirondelle. Il a fallu vraiment, pour le dessiner, jeter sur lui comme un filet.

*
* *

L'abbé Crozes est fluet et nerveux. Ses cheveux sont longs et recourbés. Ils sont d'un gris blanc. Le front haut, dénudé, est une belle boîte à cerveau. La bouche est très-vivante. Elle semble avoir vingt ans de moins que le reste de la figure. Le teint est légèrement bistré par l'âge sur la pommette des joues. L'expression générale est la finesse autant que la douceur. La parole s'anime. Le geste devient alerte. Les yeux ont cela de bizarre que tour à tour ils s'allument et ils s'éteignent pendant la conversation. L'abbé se tient très-droit. Ses pas sont petits, mais solides. C'est un vieillard et point un homme usé. Une lumière chaude éclaire sa face pâlie. Avec sa houppelande usée, où apparaît le ruban de la Légion d'honneur, qui, l'autre jour, a failli devenir une rosette — l'abbé Crozes a vraiment un air d'avant 89. Ces messieurs de la Grande-Roquette peuvent dire qu'ils ont un aumônier de grande maison.

*
* *

Après la Commune, l'abbé Crozes reprend son
œuvre interrompue. Beaucoup manquent parmi
les vieilles branches et les jeunes pousses du crime.
Mais le vide se comble bientôt. Le sol de Paris est
fertile ! L'abbé Crozes est un criminaliste remarquable. C'est un observateur profond et judicieux.
En définitive, son métier ne lui paraîtrait pas rude,
s'il n'y avait pas cette guillotine ! Ce saint homme
a vu en riant pendant la Commune la mort s'approcher de lui et à coup sûr, s'il s'agissait de lui,
il dirait aujourd'hui à M. Roch : « Laissez, monsieur l'exécuteur, ça me connaît. J'irai bien tout
seul ! » Mais il est ému aujourd'hui à la soixan-
tième exécution, comme il l'était à la première.
Et ce qui le fatigue le plus n'est point le dernier
quart d'heure. Pendant trente ou quarante jours
il a passé de longues heures, seul avec le condamné
à mort — âmes à tout touche et haleine mêlées !
Parfois cette tête qui se penche sur lui produit une
bizarre hallucination. Elle lui semble branlante
comme certaines têtes de statuettes en plâtre !

*
* *

Mais d'autre part, ce prêtre a des joies sublimes.
L'*homme* a bientôt en lui une entière confiance.
Alors que tout l'échafaudage social écrase l'homme,

et qu'autour de lui les autres voix humaines, même les plus douces, lui parlent de mort, l'abbé Crozes lui tend la main et lui parle de vie future. Alors que l'homme est, dans sa cellule, entouré d'êtres qui espionnent ses moindres pensées, il cause enfin avec quelqu'un qui lui parle de pardon, et non avec un *mouton*. Et comme ce vieillard sait bien prendre le criminel! A Lemaire, bête fauve qui avait cette particularité de regarder toujours son interlocuteur dans les yeux, comme un loup acculé, l'abbé Crozes parle de sa mère; à Avinain et à Momble il parle de leur sœur, etc. Un cœur d'homme n'est jamais si ossifié qu'il n'y ait pas un point d'où, en pressant comme sur le bouton d'un piston, on ne fasse monter à l'œil des larmes.

Enfin, c'est l'abbé Crozes qui partage avec le condamné la joie que donne la commutation de peine. L'abbé Crozes m'a dit que le *jour de la grâce* était, quelle que fût l'existence passée du condamné, « le plus beau jour de la vie du condamné. » On sait que je suis partisan attristé, mais décidé, de la peine de mort. J'indique à la société ce puissant détail. Quelle peine terrible est donc la peine de mort! Et combien la société doit la conserver comme son principal outil de défense!

*
* *

Dieu me garde de refaire le portrait de l'échafaud que j'ai déjà fait pendant la nuit. Il vous souvient de Gervais. Je veux seulement briser quelques faux clichés. L'abbé Crozes ne s'emploie jamais à obtenir la grâce d'un condamné à mort. Par exception, il a fait gracier Firon en profitant de la présence de l'Empereur et de l'Impératrice dans la paroisse dont fait partie la Grande-Roquette. Il s'agissait d'une bénédiction de cloches. Le vénérable aumônier a rappelé en deux lignes à l'Empereur les usages de l'ancienne monarchie. La grâce fut signée, le soir même. On sait que l'abbé Crozes accompagne au cimetière les restes du criminel. *Figaro* l'a montré, l'autre jour, à travers la cloison disjointe du *Champ de Navets*, agenouillé seul sur la tombe de Billoir. Mais voici quelle est la dernière et absorbante préoccupation de l'abbé Crozes. Après avoir comme allumé dans la cellule l'âme du criminel, il a peur que quelque accès de colère ou quelque dernière révolte de la bête ne l'éteigne dans le trajet de la cellule à l'échafaud. Et il se tient avec inquiétude à côté d'elle — comme on protége, contre le vent, avec la main, une lumière tremblotante.

*
* *

L'abbé Crozes n'a failli à aucun condamné à mort. Mais quand deux exécutions sont, — chose rare — faites simultanément, un des deux criminels meurt sans être embrassé par l'abbé Crozes. Ainsi de Moreau. L'abbé Crozes accompagnait l'autre

co-supplicié Boudas. Dès qu'un condamné à mort
arrive à la Grande-Roquette, l'abbé Crozes va le
voir. Sa vue cause tout d'abord au criminel un
frisson très-visible. C'est là l'impression que fait
à un mourant l'entrée d'un prêtre dans sa chambre.
Mais bientôt le condamné accueille l'abbé Crozes.
Seul, Avinain le boucher, qui, comme Billoir, avait
découpé une femme, repoussa l'aumônier avec une
sorte de violence : — « Vous perdez votre temps,
je ne crois pas à vos simagrées ». — C'est bien ;
mon *cher* Avinain, fit doucement l'abbé, je vois que
vous avez la plus grande qualité; la franchise. Elle
fait excuser bien des *défauts!* » Avinain lança un
regard terrible que le sourire du prêtre, reçut sans
s'éteindre. Pendant vingt jours; le petit abbé
enlaça peu à peu le colosse. Il finit par le ter-
rasser; mais seulement un quart-d'heure avant
l'échafaud. Il lui fit ployer les genoux. Le monstre
demanda pardon à Dieu. « Pauvre Avinain ! » fait
aujourd'hui l'abbé Crozes.

*
* *

Voilà en effet le second trait du caractère de
l'aumônier de la Grande-Roquette. Il ne voit dans
le criminel qu'une âme souillée. Et après l'avoir
lavée, il la trouve d'autant plus belle qu'elle était
auparavant plus sale. Cette disposition d'esprit se
retrouve dans un livre que l'abbé Crozes a publié.
L'abbé y raconte son arrestation comme otage.

Tout ce qui concerne la Commune intéressera au plus haut degré l'avenir. Cette Bacchanale sera sans précédent et sans renouveau. L'incendie décalquera à jamais ces journées détestables. Tout, jusqu'à l'odeur spéciale de l'incendie, particularise cette historique ignominie. Notre devoir à tous — et je n'y faillirai pas — est de mettre chaque jour, de côté pour l'histoire, nos souvenirs personnels de ce temps. Ainsi a fait l'abbé Crozes. Jamais récit plus sombre ne fut fait avec une humeur plus française. Nul n'a mieux vu que lui, parce que c'étaient, en définitive, ses anciens clients des deux Roquettes qui étaient au pouvoir.

C'est Raoul Rigault qui le fit arrêter. Raoul Rigault est ce drôle sinistre qui aurait eu bientôt les faveurs de la foule, s'il n'avait pas été fusillé. La foule comme la *fille*, aime plus bas qu'elle. . .

. . . .

Ce petit livre est écrit de bonne encre. Le tour piquant abonde. Tous ces détails minutieux seront retenus. Pour bien voir la Commune, il faut la voir au microscope — comme un pou.

*
* *

En prison, l'abbé Crozes se sent chez lui. . .

. . . .

Un directeur de prison me disait qu'on reconnaissait un récidiviste à sa façon d'entrer dans sa

cellule. Certes, l'abbé Crozes avait l'air d'un récidiviste. Ce livre est un sourire de vieux gentil-
homme enfermé dans les prisons de 1793. C'est
aussi l'aisance de l'homme du métier qui se retrouve
dans sa boutique, avec un langage et des figures
qu'il connaît. Sa mansuétude agace même un peu
le lecteur. Puis, de temps en temps, la note s'as-
sombrit. Elle devient grave et éloquente. C'est que
le prêtre parle de son évêque et de ses confrères
enfermés avec lui. Alors sa phrase, d'ordinaire
très-nette, semble embrouillée sur le papier, comme
si une larme était tombée sur elle !

*
* *

Voici qu'un beau matin, il entend un bruit inusité de pas dans les corridors de Mazas. Le directeur Garreau apparaît accompagné du greffier, du
brigadier et des deux gardiens — « absolument,
dit l'abbé Crozes, comme à la Roquette, quand
nous allons annoncer à un condamné à mort que
sa dernière heure est venue. » Aussi fait-il aussitôt
au directeur : « Je connais cela. » Mais un de ses
anciens clients de la Roquette, le capitaine fédéré
Revol, réussit à le sauver. L'abbé Crozes ne partit
pas avec les autres otages pour la Grande-Roquette.
Il resta à Mazas. L'agonie de la Commune commence. Elle est terrible comme celle de la baleine.
Sa queue est encore redoutable. On parle d'un
massacre de prisonniers, à la 93. L'abbé Crozes se

11

déguise en maçon. Un peu plus tard, il se travestit en cuisinier de Mazas. C'est un vrai Vidocq. La porte de la cuisine est enfoncée. L'abbé refait pour la centième fois son acte de contrition. C'était beaucoup vraiment pour bien peu de péchés! Mais quelle joie! A travers la porte brisée, entre un jeune capitaine de chasseurs à pieds, — un Versaillais, comme on disait, — qui, le revolver au poing, dit à notre petit cuisinier : « Comment vous appelez-vous? — Mon capitaine, je suis l'abbé Crozes, chanoine et aumônier de la Grande Roquette. » J'imagine que le jeune officier ne s'attendait pas à cette réponse.

J'ai voulu revoir chez lui l'abbé Crozes. Il demeure à l'extrémité de la rue de la Roquette, non loin du cimetière du Père-Lachaise, et au milieu des marbriers funéraires et des marchands de fleurs sombres. Sa toute petite chambre est au rez-de-chaussée, à l'extrémité d'une cour. Elle donne sur un jardin grand comme une concession à perpétuité. C'est un vrai jardin du Père-Lachaise. Aussi bien l'abbé Crozes n'a-t-il aimé et cueilli dans sa vie que les fleurs sans parfums, mais immortelles, comme les jaunes *immortelles*. Le mobilier de la chambre vaut bien soixante francs. Sur la cheminée, à la place d'une pendule, est un petit crucifix. C'est le crucifix qu'ont embrassé à la dernière heure tant de criminels. Sur le petit secrétaire est une grosse montre d'argent avec petite chaîne d'acier. C'est la montre qui compte les

minutes du dernier sursis accordé, avant la toilette,
au condamné, pour causer avec l'abbé Crozes. Dans
un coin, est un meuble bizarre à six tiroirs marqués
d'énormes chiffres. Le peuple l'appelle le « reli-
quaire des condamnés à mort. » L'abbé a eu leur
dernier souvenir, comme il a eu leur dernier baiser.
L'abbé Crozes me parla des grandes thèses sociales
éternelles. Il parla longuement. Je le regardai
étonné et charmé. Tout à coup, je me rappelai une
phrase bizarre d'une grosse tragédie moderne ita-
lienne.

Le héros y dit à sa femme coupable, qui avait
eu beaucoup d'amours : « O femme, c'est bien
heureux que tous les baisers qui ont mouillé tes
joues ne reparaissent pas sur ta face! » On pourrait dire la même chose au saint aumônier de la
Grande-Roquette.

Il parlait toujours. J'eus une véritable hallucination, quasi volontaire et qui me causait une
âpre émotion. Cette cellule ; ce nom d'abbé Crozes ;
ces objets et ces thèses qui, depuis deux heures,
étaient devant mon esprit ; ce mot de Dieu qui
revenait sans cesse dans la parole du vénérable
vieillard penché sur moi, me firent rêver que
j'étais en cellule et que ma dernière heure était
arrivée. Vous savez ces rêves qu'on continue

tout éveillé, en n'ignorant pas que ce sont des
rêves! Quand la porte s'ouvrit tout à coup, je
n'eusse pas été étonné de voir Raoul Rigault dire
« c'est assez causer; voici l'heure. » Mais c'était
la femme de ménage qui avertissait l'abbé Crozes
que son dîner arrivait. Je me levai. Alors, il me
montra son petit lit de sangle, au coin de la chambre. « On dit que je couche sur une paillasse, parce
que j'ai vendu mon matelas pour les pauvres. Regardez. » Et il me montra, ma foi, un matelas. Mais
le matelas est si maigre que je préférerais une
bonne paillasse. — « Monsieur l'aumônier, j'ai vu,
vous le savez, la chambre de pas mal de princes
et de rois. Eh bien! parmi eux, c'est comme une
nouvelle mode, ils ont presque tous un petit lit
comme cela! Vous êtes couché comme le Czar! »
L'abbé Crozes me regarda d'un air étonné, puis
sourit et me serra la main. Mais n'ai-je pas bien
fait, lecteur, de dessiner la figure attentive de ce
saint homme, dans une époque bruyamment vio-
lente, où parfois Dieu lui-même a semblé distrait.

IGNOTUS.

TABLE DES MATIÈRES

TABLE

Des additions faites à la 4ᵉ édition.

Paris. — E. DE SOYE et FILS, imprimeurs, place du Panthéon, 5.

Paris. — E. DE SOYE et FILS, imprimeurs, place du Panthéon, 5.